A. MEILLET

PROFESSEUR AU COLLÈGE DE FRANCE
DIRECTEUR D'ÉTUDES A L'ÉCOLE DES HAUTES ÉTUDES

LES ORIGINES

INDO-EUROPÉENNES

DES

MÈTRES GRECS

PARIS

LES PRESSES UNIVERSITAIRES DE FRANCE

49, BOULEVARD SAINT-MICHEL

1923

LES ORIGINES
INDO-EUROPÉENNES

MÈTRES GRECS

DU MÊME AUTEUR

Recherches sur l'emploi du génitif-accusatif en vieux slave, 1897, Paris (Bouillon ; Champion, successeur).

De indo-europaea radice *men- « *mente agitare* », 1897, Paris (Bouillon ; Champion, successeur).

Études sur l'étymologie et le vocabulaire du vieux slave, 1re partie, 1902 ; 2e partie, 1905, Paris (Bouillon ; Champion, successeur).

Esquisse d'une grammaire comparée de l'arménien classique, 1903, Vienne (Autriche), chez les P. P. Mekhitharistes.

De quelques innovations de la déclinaison latine, 1906, Paris (Klincksieck).

Les dialectes indo-européens, 1908, Paris (Champion) ; 2e édition, en préparation.

Armenisches Elementarbuch, 1913, Heidelberg (Winter).

Aperçu d'une histoire de la langue grecque, 1913, 2e édition, 1921, Paris (Hachette).

Grammaire du vieux perse, 1915, Paris (Guilmoto ; Challamel).

Caractères généraux des langues germaniques, 2e édition, 1923, Paris (Hachette).

Les langues dans l'Europe nouvelle, 1918, Paris (Payot).

Linguistique historique et linguistique générale, 1921, Paris (Champion).

Grammaire de la langue polonaise (en collaboration avec Madame H. de Willman-Grabowska), 1922, Paris (Champion).

Introduction à l'étude comparative des langues indo-européennes, 5e édition, 1922, Paris (Hachette).

LES ORIGINES

INDO-EUROPÉENNES

DES

MÈTRES GRECS

PARIS

LES PRESSES UNIVERSITAIRES DE FRANCE

49, BOULEVARD SAINT-MICHEL

1923

AVANT-PROPOS

Ne sutor ultra crepidam.

Ce petit livre est l'œuvre d'un linguiste, non d'un métricien ou d'un helléniste. On a cherché à y fournir aux hellénistes quelques données tirées de la comparaison avec les mètres védiques.

On n'y a pas discuté les théories proposées, depuis une trentaine d'années, par les métriciens : fondées uniquement sur l'observation de faits grecs, ces théories ne peuvent apporter, pour la période préhistorique, que des hypothèses non susceptibles de vérification. Ici, on s'est proposé de remplacer par des données positives tirées de la comparaison ces suppositions qui restent affaire de sentiment.

Les coïncidences signalées ici, entre les types grecs et les types védiques, ne sont pas fortuites : elles sont trop complètes, trop précises dans le détail pour qu'on y voie de purs accidents, ou pour qu'on les explique toutes par le parallélisme des types linguistiques. Si les métriciens en tirent parti, ils pourront sans doute renoncer à partir des types informes et mal différenciés, arbitrairement supposés jusqu'ici.

A comparer les types grecs et les types védiques, on gagnera en tout cas de déterminer les différences entre les deux, et de voir les caractères des deux langues et la différence des styles.

Les idées qui sont exposées ici ont été déjà indiquées en partie çà et là par l'auteur. A l'occasion d'un cours fait au Collège de France en 1921-1922, elles ont été reprises dans leur ensemble, et il a semblé utile de les soumettre à la critique des savants compétents. Il me sera permis de remercier ici l'un des auditeurs de ce cours, M. l'abbé Maries : c'est à la critique qu'il a faite de ce qui avait été dit sur l'hexamètre qu'on doit d'avoir proposé sur ce vers une hypothèse hardie, mais sans doute nécessaire. Quand j'ai combiné cette hypothèse, le livre de M. Karl Meister, *Die homerisch Kunstsprache* (Leipzig, 1921), était déjà paru ; mais je n'en avais pas connaissance. Il m'a été singulièrement agréable de voir que, par une voie autre que celle que j'ai suivie, K. Meister était arrivé à la même conclusion, celle de l'origine étrangère de l'hexamètre. Il y a dans cet accord une présomption de vérité.

———

Dès la première fois qu'ils apparaissent, les principaux types de la métrique grecque offrent tous leurs traits essentiels fixés. L'hexamètre, le trimètre iambique, le glyconique, la strophe alcaïque ou sapphique ont, dès l'abord, leur type arrêté.

Le métricien qui ne sort pas du grec peut décrire les types employés dans les poèmes conservés. Il peut poser le caractère général du système ou déterminer le détail des règles appliquées par les poètes. Il peut étudier les changements qui ont eu lieu au cours de la période historique.

Mais les changements observables à date historique sont minimes. Ils ne portent que sur des détails. Du reste, là même où l'on observe des différences entre les poètes des diverses époques, il est souvent malaisé d'affirmer qu'on soit en présence d'un développement. Les théories souples et ingénieuses de H. Weil, telles qu'on peut les trouver dans *Littérature et rythmique grecques*, Paris, 1902, donnent la meilleure idée de ce à quoi peut aboutir le philologue le plus averti et le plus pénétrant. L'article de M. Otto Schroeder, *The new Metric, Classical philology*, VII (1912), 137 et suiv., ou le livre du même auteur, *Vorarbeiten zur griechischen Versgeschichte*, font apercevoir la complication des problèmes et la difficulté d'arriver à des résultats certains.

On peut ainsi faire une théorie des mètres grecs, mais non en faire l'histoire, aussi longtemps qu'on ne dispose pas de témoignages sur les périodes antérieures aux plus anciens textes conservés.

Les philologues anciens ont connu beaucoup de textes

A. MEILLET.

actuellement disparus. Mais rien ne donne lieu de croire que, parmi ces textes, il y en ait eu dont la métrique aurait différé d'une manière essentielle de celle des poèmes conservés. Et, comme les anciens n'ont pas eu le sens du développement historique, on ne trouve chez les théoriciens de l'antiquité rien pour éclairer l'histoire de la métrique grecque. Si leurs exposés, généralement obscurs, aident à faire la théorie des mètres grecs tels qu'ils sont dans les textes, ils ne peuvent rien apporter d'essentiel à qui en recherche les origines.

La théorie générale du rythme peut éclairer toute métrique particulière. Mais elle manque, nécessairement, à expliquer ce qui, dans chaque métrique, est particulier. Elle est du reste vague. Westphal donne des affirmations précises ; mais c'est en transportant arbitrairement dans la métrique grecque la théorie de la musique de la première moitié du xixe siècle, dont les rythmes avaient une rigidité et une pauvreté singulières.

Pour remonter par delà la période historique, les hellénistes n'ont d'autre ressource que de comparer les vers grecs entre eux. On s'est, par ce procédé, efforcé de reconstituer un « vers originel », un *Urvers* comme disent les Allemands. C'est ce qu'a fait en quelque mesure Usener ; c'est ce qu'a fait, avec plus de décision, M. U. von Wilamowitz-Moellendorff, dans sa *Griechische Verskunst* (Berlin, 1921). Mais, pour tirer de ce « vers originel » les divers types attestés en grec, on n'a d'autre moyen que de le supposer informe. L'hypothèse joint donc au défaut d'être arbitraire celui d'être presque inutile, peu explicative.

Seule, la comparaison avec la métrique d'autres langues indo-européennes pourrait permettre de déterminer, au moins en quelque mesure, les types métriques d'où sont sortis les types grecs qu'on rencontre dès les plus anciens monuments de la littérature grecque.

On sait assez qu'il serait vain de vouloir expliquer historiquement la langue grecque sans le secours de la grammaire comparée. Sans doute un phonéticien averti soupçonnerait que l'alternance de πέσσω et de πέψω, de ὄσσε et de ὄψομαι, ὄπωπα, etc. suppose un ancien *kʷ. Sans doute aussi un grammairien ingénieux, par la seule comparaison de οἶκο-ς, οἶκο-ν, de ὄφι-ς, ὄφι-ν, et de ὤψ, ὦπα ou de μέμονε, μέμαμεν et de οἶδε, ἴδμεν, peut entrevoir que certains α du grec représentent une ancienne nasale. Mais la preuve ne se laisserait pas administrer, alors que la grammaire comparée l'apporte immédiatement. Et rien, si l'on ne disposait pas de la comparaison, n'autoriserait à chercher dans le π de ἧπαρ ou dans le τ de τε un ancien *kʷ, ou à deviner que l'α de οἶδα et celui de ἦα n'ont pas même origine.

Toutes mauvaises que soient les conditions de la comparaison, il vaut donc la peine d'essayer de rapprocher les mètres grecs des autres mètres indo-européens comparables pour arriver à déterminer, non par des hypothèses en l'air, mais par des faits positifs, les traits principaux de la métrique indo-européenne. M. U. von Wilamowitz-Moellendorff a écarté la question (*loc. cit.*, p. 96 et suiv.). Il en croit l'étude prématurée, et il paraît sceptique sur le résultat qu'on en peut attendre. On se propose ici, au contraire, de montrer que, avec les données dont la linguistique dispose actuellement, le problème admet une solution précise et que cette solution fournit à l'étude historique des mètres grecs une base solide.

Le lecteur aperçoit la portée de cette conclusion : déterminer la métrique indo-européenne c'est reconnaître un élément de la civilisation indo-européenne.

Or, pour qu'une langue commune se répande, il faut qu'elle soit l'organe d'une civilisation supérieure, au moins à quelques égards. Si l'indo-européen s'est largement propagé en Europe et en Asie, c'est que la nation qui employait cette langue, ou au moins l'aristocratie de cette nation, avait un sens d'organisation sociale et de domination qui ne va pas sans une culture intellectuelle. Sans doute, à la date où elles sont attestées, les différentes langues du groupe indo-européen ont subi l'influence de civilisations qui, au point de vue matériel, étaient supérieures à la civilisation indo-européenne : il n'y a là rien de surprenant : car une civilisation ne se développe que là où elle se heurte à une civilisation étrangère qui lui fournit des éléments nouveaux ; c'est de la rencontre de la civilisation « indo-européenne » des porteurs du « grec commun » avec la civilisation « égéenne » qu'est résulté le miracle de la civilisation hellénique. Sans doute même la plupart des langues indo-européennes ne sont connues que postérieurement à l'introduction du christianisme. Les données manquent à qui veut se représenter la civilisation « indo-européenne ». Mais certains faits en laissent entrevoir sinon les contours précis, du moins l'existence.

Par exemple, le fait que le groupe indo-iranien et le groupe italo-celtique ont maintenu jusqu'à l'époque historique des groupes sacerdotaux capables de conserver une tradition a permis à ces deux groupes de garder toute une série de termes juridiques et religieux qui se sont perdus ailleurs. Les exemples indiqués par M. Vendryes, *Mémoires de la Société de linguistique*, XX, 265 et suiv., sont nombreux et saisissants et il ne serait pas impossible d'en accroître le nombre. — D'autre part, il y a tout un vocabulaire de civilisation, non emprunté, commun à l'iranien et au groupe du baltique et du slave (voir A. Meillet, *Dialectes indo-européens*, p. 15 et suiv. de l'*Avant-propos* de la réimpression, Paris, 1922).

En grec même, les notions indo-européennes transparaissent dans le vocabulaire, ainsi la désignation de l' « homme » par « mortel » (v. A. Meillet, *Linguistique historique et linguistique générale*, p. 274 et suiv.). Faute de remonter, comme il convient, à l'indo-européen, il a été commis en matière d'étymologie grecque des erreurs sensibles. Soit, par exemple, le mot κῶμος qui désigne une fête de caractère particulier (κωμῳδός en est un composé); Osthoff y a cherché une racine signifiant « manger » ; M. F. Müller, peu satisfait avec raison de ce rapprochement, pense à skr. *kāmaḥ* « désir », qui ne vaut pas mieux. Il s'agit d'un terme religieux, dérivé d'un thème à suffixe zéro attesté par le groupe véd. *çám ca yóç ca*, de valeur toute religieuse, et par le dérivé véd. *çámī* « prière, sacrifice, travail fait pour les dieux » (avec doublet *çimī* reposant sur une forme offrant un autre degré d'alternance) ; bret. *kañv*

ķaoñ « deuil, enterrement » et irl. *cuma* « chagrin » appar-
tiennent au même groupe ; et M. Pedersen, *Vergl. Gramm.
d. kelt. Spr.*, I, 47, les rattache justement à la famille du
skr. *çámyati*, gr. χάμνω, χομέω, χομίζω. On est donc en présence d'un terme religieux indo-européen.

Des recherches actuellement entreprises par plusieurs
chercheurs tendent à prouver que certains mythes et certaines doctrines de grande importance remontent à la
période indo-européenne.

La métrique indo-européenne aurait ainsi sa place parmi
les « institutions » d'une nation dont la comparaison des
langues attestées permet d'entrevoir la langue, et dont l'influence qu'elle a exercée permet, sinon de mesurer, du
moins d'estimer jusqu'à un certain point le degré de culture.
La poésie indo-européenne échappe nécessairement puisque
le monde indo-européen commun n'a ni connu, ni sans
doute voulu connaître, l'écriture. Mais les restes de sa
technique en établissent l'existence et l'importance.

Il vaut donc la peine de serrer de près, s'il est possible,
le problème de la métrique indo-européenne. La grammaire
comparée des langues indo-européennes, maintenant établie, permet de le poser d'une manière exacte,

On ne se propose ici d'expliquer la métrique grecque que
dans la mesure où la comparaison avec celle d'autres langues indo-européennes, en l'espèce avec celle du védique,
permet de l'éclairer. Toute autre question sera, de parti
pris, laissée de côté.

C'est dire que la plupart des questions relatives aux mètres
lyriques sur lesquelles discutent le plus les métriciens modernes ne seront pas abordées ici. On espère cependant que
l'exposé qui va être fait indiquera parfois une manière nouvelle de poser ces questions. Il appartiendra aux hellénistes
d'en tirer les conséquences.

CHAPITRE PREMIER

LE PROBLÈME

Dans des vers, c'est-à-dire dans un discours rythmé suivant des règles définies, il y a deux éléments à considérer :

d'une part, la langue dans laquelle est composé le discours ; c'est cette langue qui fournit l'élément à rythmer, le ῥυθμιζόμενον ; et c'est, par suite, de la structure rythmique naturelle de cette langue que dépend d'abord la métrique ;

d'autre part, les règles imposées à cette matière : ces règles se transmettent par tradition.

La tâche du métricien est de déterminer comment les règles s'appliquent au matériel fourni par la langue.

Il faut donc considérer, d'une part, la langue, de l'autre, les règles traditionnelles.

Les règles ne peuvent subsister qu'autant que les conditions rythmiques de la langue demeurent sensiblement les mêmes. Tout changement profond de la structure linguistique entraîne donc un changement des règles plus ou moins avoué. Si l'on essaie de maintenir les règles après que la structure rythmique de la langue a changé, la métrique devient artificielle, comme il est arrivé à la métrique grecque et à la métrique latine durant l'époque impériale. La difficulté qu'on trouve à relier la métrique romane à la métrique latine classique provient de ce que la structure rythmique du roman n'est pas la même que celle du latin ancien.

Il résulte de là que toute comparaison métrique est vaine là où les langues ont des structures rythmiques différentes.

La structure rythmique de l'indo-européen est connue. Elle est caractérisée par plusieurs traits originaux.

L'accent indo-européen consistait en une élévation de la voix. C'était un pur accent de hauteur qu'on nommera ici *ton*. Les témoignages des phonéticiens de l'Inde s'accordent avec ceux des anciens Grecs pour considérer exclusivement les différences de hauteur, et pour ne faire intervenir en aucun cas la durée ni l'intensité. Ceci concorde avec le fait que le ton n'intervient pas dans le traitement des voyelles des anciennes langues indo-européennes : ni en indo-iranien, ni en grec, ni en slave commun ou en baltique commun, il n'apparaît que les voyelles toniques soient traitées différemment des voyelles atones ; or, les différences d'intensité ou de durée ont des effets, et parfois de grands effets, sur le traitement des voyelles : les trois *e* indo-européens de la 2ᵉ personne du pluriel du thème **bhere-* sont traités de manière identique dans véd. *bháratha*, gr. φέρετε, v. sl. *berete*. Quoiqu'on puisse penser des hypothèses — incertaines et arbitraires — par lesquelles on a cherché à expliquer les alternances vocaliques indo-européennes au moyen de l'influence de l' « accent », il n'y a rien à en tirer ici : ces alternances sont acquises dès l'indo-européen commun, et l'action supposée de l' « accent » ne prouverait pas pour la période indo-européenne commune, mais seulement pour une période antérieure dont il est fait abstraction ici. Dès lors il est naturel que, dans les deux langues où le ton indo-européen a conservé son caractère et, au moins en principe, sa place, le védique et le grec ancien, le ton ne joue dans le vers aucun rôle : la répartition des syllabes toniques et atones est indifférente dans le vers védique, comme dans le vers grec ancien.

Des langues où la place ancienne du ton est maintenue en quelque mesure, mais où le ton tend à se lier à des variations de durée et d'intensité, ne se prêtent donc pas à conserver la métrique indo-européenne. Tel est le cas de la métrique romane ou grecque byzantine (dans la mesure où elle se fonde sur l'état de langue de l'époque des auteurs). Et tel est aussi le cas du baltique et du slave, langues tar-

divement attestées, et où, tout en gardant une élévation
caractéristique de la voix, les syllabes toniques tendent à
s'accompagner de longueur et d'intensité.

Ainsi indépendant du ton, le rythme de l'indo-européen
ne reposait que sur des différences de quantité entre les
syllabes.

La comparaison montre que toute syllabe indo-européenne
avait une quantité définie, soit brève, soit longue.

Ce n'est pas à dire que toutes les longues aient été également longues, ni toutes les brèves également brèves : un *a*
est, par nature, plus long qu'un *e* ou un *o,* et un *e* ou un *o*
plus qu'un *i* ou un *u.* Il est donc possible que, entre tel *a*
bref et tel *ĭ* long, la différence de durée réelle n'ait pas été
grande. Mais, en matière de langue, ce qui importe, ce ne
sont pas les quantités absolues, ce sont les oppositions. Il y
a syllabe longue là où le sujet parlant sent une longue, et
brève là où il sent une brève. Il ne s'agit pas ici de physique,
mais d'une action à exercer sur des auditeurs.

Les syllabes longues ne sont du reste pas toutes de même
nature : le cas d'une syllabe longue parce que la voyelle est
longue n'est pas exactement comparable de tout point à
celui d'une syllabe où une voyelle brève est suivie d'un
groupe de consonnes ; et il y avait assurément des différences d'un groupe de consonnes à l'autre ; il devait y
en avoir aussi d'un cas tel que *este* à un cas tel que *ēste.* Le
védique a des voyelles de quantité mal déterminée dans
beaucoup de cas à la fin des mots : les syllabes qui comprennent ces voyelles ne devaient pas être bien nettement
brèves ou longues. La langue homérique présente aussi des
syllabes imparfaitement longues et qui comptent pour
longues (voir chap. VIII). Pour que le rythme subsiste, il
suffit que le récitant puisse donner le sentiment d'une syllabe différente d'une brève.

Malgré ces réserves, il demeure vrai que les syllabes de
la phrase indo-européenne se classaient en longues et brèves.
On obtenait donc un rythme en faisant se succéder des
syllabes longues et brèves suivant un ordre défini.

Comme l'ont vu certains métriciens modernes (ainsi Thomas Goodell, *Chapters on Greek Metric*), le rythme du vers grec — et même chose doit se dire du vers védique — résultait uniquement de cette succession des syllabes longues et des syllabes brèves. Il n'y a pas lieu de faire intervenir un ictus dont les modernes ont souvent parlé, mais qui n'est attesté par rien, et qui contredit le caractère même du rythme des anciennes langues indo-européennes. Des modernes dont la langue comporte un accent d'intensité — accent qui est très fort en allemand et en anglais — se représentent mal un rythme fondé uniquement sur la durée variable des éléments successifs. Mais la théorie générale du rythme montre qu'une alternance de longues et de brèves, ou, pour employer des termes musicaux, de noires et de croches, suffit à donner à un auditeur le sentiment d'un rythme. Sans doute ce rythme est moins marqué que celui qui résulte d'éléments ayant des intensités différentes, mais il existe.

Le rythme des vers indo-européens résultait donc seulement de la succession des syllabes longues et brèves : l'unité métrique, en grec ancien et en védique, est la syllabe.

Mais, si phonétiquement le discours se décompose en syllabes, il est, d'autre part, formé de mots. Même dans les langues où la phrase se compose des mots phonétiquement liés les uns aux autres — et tel était le cas en védique, et aussi, à ce qu'il semble, en grec ancien — la fin du mot était sensible ; car le traitement phonétique des fins de mots n'est identique à celui des éléments intérieurs ni en védique ni en grec ancien (v. Gauthiot, *La fin de mot*, passim). La fin de mot a donc son rôle dans le vers, mais sans que le rythme soit intéressé à la répartition des fins de mots.

Le rôle de la fin de mot consiste en ceci que, dans les vers d'une certaine étendue, il y a une fin de mot à une place définie : c'est ce que l'on nomme *coupe*. La coupe n'intervient pas dans le rythme du vers ; elle marque seulement une sorte de jalon dans une série rythmique de quelque étendue. Ce n'est pas une fin de membre rythmique, comme on le suppose souvent, sans raison. Aucun des caractères de la fin de vers : indifférence de la quantité, netteté particulière des alternances rythmiques, ne s'observe à la coupe. Et la « coupe » ne marque pas non plus une division de sens.

Les traits essentiels du vers védique et du vers grec ancien sont donc : indifférence de la place du ton, rythme fondé uniquement sur la succession de syllabes longues et brèves, et, dans les séries un peu étendues, une fin de mot à une place définie du vers. Ces traits résultent de la structure phonétique de la langue dans les deux groupes, védique et grec ancien ; comme cette structure est héritée de l'indo-européen, il faut admettre que les mêmes traits existaient dans la métrique indo-européenne. Mais, par le fait que c'est la structure phonétique qui les commande, il ne résulte pas de là qu'il y ait une tradition entre l'indo-européen, d'une part, le védique et le grec ancien, de l'autre. L'existence d'une tradition ne peut ressortir que du maintien de certains usages métriques particuliers.

CHAPITRE II

DES RESTES DE VERS INDO-EUROPÉENS

Le védique et le grec ancien sont les seules langues qui
puissent fournir, sur la structure des vers indo-européens,
des témoignages immédiatement valables. Malgré des différences notables dans le détail, les deux langues sont comparables entre elles, et elles conservent l'essentiel du type
indo-européen. Toutes les autres offrent des innovations
telles qu'une comparaison de mètres est exclue.

Il faut d'abord éliminer toute langue où le rythme quantitatif se lie à la place du ton. Sur presque tout le domaine
indo-européen, la répartition des syllabes en syllabes longues
et syllabes brèves par elles-mêmes, indépendamment de la
place de l'accent ou de leur situation dans le mot et dans la
phrase, tend à s'effacer plus ou moins tôt. En grec et en
latin, ce changement s'est réalisé à date historique, princi-
palement au cours de la période impériale. Il est résulté de
là un changement profond de la structure rythmique : les
voyelles ont tendu à perdre leur quantité propre, et les
durées ont tendu à se régler d'après la place du ton, les
toniques devenant longues et les atones brèves. La même
tendance a existé aussi en baltique et en slave; mais,
comme les langues baltiques et slaves sont attestées à des
dates relativement basses, on ne connaît pas de période de
ces langues où la quantité soit indépendante de la place du
ton, ni où le ton existe à l'état pur. Une langue où, comme
en lituanien, l'accent, tout en conservant l'élévation de la
voix, allonge les voyelles sur lesquelles il tombe et où, de
plus, les longues de syllabes finales perdent une part de leur
durée, ne se prête pas à une métrique strictement quanti-

tative telle que sont les métriques védique et grecque ancienne. Malgré l'archaïsme des langues baltiques et slaves, on ne peut donc fonder sur ces langues la théorie de la métrique indo-européenne; toutefois, comme elles ont gardé une structure archaïque, que l'accent ancien a gardé sa place dans certaines, et notamment en lituanien, tout en changeant partiellement de nature, et que le type indo-européen de civilisation s'y est éliminé tardivement, en partie à l'époque historique, il y aura lieu de se demander plus tard en quelle mesure les vers lituaniens, lettes, serbes, etc. continuent les types indo-européens.

Quant aux langues où est intervenu un accent d'intensité fort, il va de soi qu'elles entrent moins encore en considération : un vers qui, comme le vers germanique ou le vers irlandais ancien, repose sur un accent intense frappant une syllabe du mot toujours la même, diffère du vers indo-européen ancien par son principe même. Le vers germanique n'a plus rien de commun avec le vers indo-européen.

Les mots indo-européens sont trop fortement altérés en arménien — les finales y sont tombées tout entières — pour que l'arménien puisse fournir une donnée utilisable ; au surplus, tous les textes arméniens classiques sont en prose. — La même observation s'applique, à plus forte raison, au « tokharien ».

Les seules langues qui, en dehors du védique et du grec ancien, pourraient entrer en considération sont le latin ancien et l'iranien ancien. En fait, il ne sera possible d'en tirer que peu de données utiles.

Sans doute, le latin conserve le type rythmique indo-européen. Les voyelles y ont une quantité définie ; le ton n'exerce sur le vocalisme aucune action ; le rythme du vers est indépendant de la place du ton (les coïncidences entre le ton et les temps forts du vers qu'on observe sont partielles, et résultent, à ce qu'il semble, de circonstances extérieures ; elles ne sont pas essentielles).

Mais, d'abord, la métrique latine n'est guère originale. Le seul type métrique proprement latin, le saturnien, ne se rencontre qu'au début de la période littéraire ; on n'en a qu'un nombre restreint d'exemples, et la théorie n'en est faite — et sans doute faisable — que d'une manière incomplète. Tous les autres types métriques sont imités du grec ; il serait curieux de chercher en quoi les changements apportés par les poètes latins aux types métriques grecs sont dus à des particularités du latin ; mais, en aucun cas, ceci ne peut rien enseigner sur la métrique indo-européenne. La seule donnée à retenir, c'est que le latin a suffisamment maintenu le type rythmique ancien pour pouvoir reproduire, avec des changements de détail, les modèles grecs.

Du reste, le latin offre, par rapport à l'indo-européen, des innovations profondes. La plus grave de toutes consiste en ceci que la syllabe initiale des mots a pris une valeur spéciale, se prononçant probablement d'une manière plus lente que les syllabes suivantes dont la durée a tendu à s'abréger sensiblement (v. Juret, *Mémoires de la Soc. de linguistique*, XXI, p. 93 et suiv., et *Manuel de phonétique latine*, p. 301 et suiv.) ; il est résulté de là une altération complète des voyelles brèves des syllabes intérieures des mots. Les voyelles des syllabes finales ont aussi des traitements spéciaux, différents et du traitement intérieur et du traitement final.

La valeur particulière des syllabes initiales en latin se manifeste par le rôle de l'allitération. Chez les anciens poètes, et notamment chez Naevius, chez Plaute ou chez Ennius, l'allitération est un ornement presque constant ; la plupart des vers en contiennent au moins une. Il arrive qu'un vers en contienne deux, ainsi celui de Naevius :

eorum sectam sequontur multi mortales

ou que l'on ait trois mots de suite ayant même initiale :

Naevius :   *uicissatim uolui uictoriam.*

Ennius, qui avait plus de talent que de goût, pousse jusqu'au ridicule l'usage de l'allitération :

accipe daque fidem foedusque feri bene firmum

ou dans le vers célèbre :

> *o Tite tute Tati tibi tanta tyranne tulisti*

ou dans :

> *nam ui depugnare sués stolidi soliti sunt*

ou dans une tragédie :

> *antiqua erilis fida custos corporis,*
> *quid sic te extra aedis exanimata eliminas ?*

L'allitération sert souvent à mettre certains mots en évidence :

> *hem isto parentum est uita uilis liberis*
> *ubi malunt metui quam uereri se ab suis*

(Afranius, dans une fabula togata) :

> *sed meus*
> *frater maior, postquam uidit me ui deiectum domo*
> *nupsit posterius dotatae, uetulae, uaricosae, uafrae.*

(L. Pomponius Bononiensis, dans une Atellane).

Ni le védique ni le grec ancien n'offrent rien de pareil.

Le rapprochement de mots ayant même initiale qu'on observe dans beaucoup de formules védiques (voir à ce sujet Krause, *Zeitsch. f. vergl. Sprachforsch.*, L, p. 121) a un tout autre caractère : c'est un fait de paronomase, liée à une communauté de sens, et les mots à initiale semblable peuvent être séparés par un mot tonique, ainsi *ná purástān ná paçcät.* L'allitération latine n'est liée à aucun fait de sens ; elle peut, ici ou là, souligner certaines liaisons, mettre en évidence certains mots ; mais l'ornement existe indépendamment du sens.

Ce rôle particulier de l'initiale suffit à faire que le vers original du latin, le saturnien, ne soit pas comparable aux vers védiques et grecs anciens.

Le vers iranien ancien, tel qu'il est connu par l'Avesta, est proche du vers védique. Mais la langue est dans un état différent à deux points de vue essentiels. Sans doute les

différences entre syllabes brèves et syllabes longues ont
subsisté pour la plupart; mais aucun des textes iraniens
anciens, ni les gāthās de l'Avesta, ni l'Avesta récent, ni le
perse des inscriptions achéménides, n'a conservé la distinction entre les anciennes voyelles brèves et les anciennes
voyelles longues à la fin des mots; pour une place particulièrement importante, le rythme quantitatif de la langue a
donc subi une détérioration. D'autre part, tandis que la
notation du sanskrit indique une liaison étroite entre les
mots de la phrase, les mots de la phrase iranienne ancienne
sont nettement distingués : aussi bien la graphie de l'Avesta
que celle des inscriptions achéménides marquent des sépa-
rations entre les mots. A cet égard, le védique concorde
avec le grec ancien, et l'iranien ancien avec le latin ancien.
On ne peut donc se servir de l'iranien, pour y retrouver les
traces d'un type quantitatif : sans être aussi changées qu'en
latin, les conditions ne sont plus les conditions anciennes,
telles qu'elles ressortent de l'accord du grec et du védique et
que, en effet, d'autres langues en attestent l'antiquité ; ainsi
le slave, tel que l'écrivent déjà les premiers traducteurs
(au ixe siècle ap. J.-Ch.), n'offre plus de liaison intime entre
les mots, mais, on y retrouve la trace de deux traitements
*-s et *-z de la sifflante finale d'après ce qui suit ; et le trai-
tement des voyelles longues finales y diffère absolument de
celui des voyelles brèves. L'iranien présente donc, comme
le latin, des innovations qui privent de valeur le témoignage
de la métrique avestique, à un degré moindre, il est vrai,
que pour le saturnien latin.

En somme, il n'y a que deux témoignages immédiatement
utilisables pour restituer la métrique indo-européenne, celui
de la métrique védique et celui de la métrique grecque
ancienne.

Le témoignage grec est précieux à cause de son extrême
variété : il a été composé des poèmes en parlers divers,
ionien et attique, lesbien et béotien, dorien, et dans la
langue épique, dont le type, mêlé, est très archaïque. Et ces
poèmes sont eux-mêmes de types divers ; on a des vers
parlés, déclamés, chantés, et, de plus, chantés de diverses

manières. Si grande que soit cette variété, elle n'atteint pas, à beaucoup près, celle des témoignages dont dispose le linguiste pour faire la grammaire comparée des parlers grecs ; mais elle est assez grande pour que beaucoup de faits soient éclairés grâce à cette diversité.

Le témoignage indien est plus monotone.

On ne saurait, au moins pour poser le fondement des rapprochements, utiliser les faits classiques. Toute la littérature en sanskrit classique date d'un temps où le sanskrit était, depuis des siècles, une langue morte : entre la langue parlée au temps où ont été composés les drames indiens et le sanskrit ou même les prākrits avec lesquels ils sont écrits, il y avait une différence profonde, on le sait. Dès lors, il n'est pas licite de se servir de vers tout artificiels ; on ne saurait, au moins du premier coup, faire le départ entre ce qui peut s'y conserver d'une tradition indienne ancienne et ce qui peut être dû à des tentatives savantes. La valeur du témoignage n'est pas déterminable.

Il reste seulement le védique. Mais les vers védiques sont, au fond, d'une seule espèce. Ce sont des vers faits pour être déclamés (on sait que la partie chantée des Véda consiste tout entière en vers du Ṛgveda, disposés en vue du chant). Ce sont tous des vers faisant partie de strophes, dont la plupart, très simples, se composent d'une même sorte de vers et dont presque aucune n'est ni libre, comme le sont souvent les strophes grecques, ni compliquée. Le témoignage védique, intéressant par son antiquité, par le caractère archaïque de la langue, a donc le défaut d'être monotone et de ne pas donner une idée complète des types possibles. On ignore, par exemple, la structure du type épique à l'époque védique, et l'on peut seulement la déduire, en quelque mesure, des formes postérieures de l'épopée, qui sont en langue classique.

Toutefois le témoignage védique est particulièrement précieux parce que le vers védique est de forme plus souple, moins normalisé que le versifié. Comme tout dans l'art hellénique, le vers grec est soumis à des règles précises, rigoureuses ; ce que l'on en possède est l'œuvre de lettrés

A. MEILLET. 2

travaillant suivant des règles d'école et faisant œuvre d'écrivains. Le vers védique, tout autre, est l'œuvre de prêtres travaillant en vue de fins rituelles, Dans l'un et l'autre cas, il y a tradition, forme fixée. Mais, chez les Grecs, la norme littéraire est stricte, la fin artistique l'essentiel. C'est chez le prêtre védique, conservateur en raison de son but religieux, qu'on a le plus de chances de trouver des survivances exactes du type indo-européen.

Du reste le védique a sur le grec la supériorité d'avoir conservé une prosodie plus souple : à en juger par le grec, on croirait que les voyelles finales des mots avaient toutes en indo-européen une quantité fixe. Or, la comparaison tend à montrer que, si les longues proprement dites, celles du type φέρω et celles du type ἡμέρᾱ par exemple, étaient constantes, beaucoup de voyelles finales avaient une quantité flottante entre longue et brève. Or, ceci se retrouve nettement en védique, nullement en grec.

Il y a inconvénient à fonder une théorie sur la comparaison de deux témoignages seulement. La restitution d'un point de départ commun ne ressort en effet que de la comparaison de trois témoignages au moins : là où il y a divergence entre les deux témoignages comparés, le choix est arbitraire. On s'efforcera ici de parer à cet inconvénient dans la mesure du possible ; mais il convient de le marquer dès l'abord, et il ne faut jamais oublier l'incertitude qui en résulte.

CHAPITRE III

LE RYTHME NATUREL DE L'INDO-EUROPÉEN

Dans toute langue, le discours tend naturellement vers
un certain rythme. Là où elle se développe spontanément
et où elle n'est pas l'imitation de quelque modèle étranger
— et tel semble être en gros le cas pour le védique comme
pour le grec ancien — la métrique consiste à styliser, à normaliser le rythme naturel de la langue. Pour qui étudie
pareille métrique, le premier soin doit être de reconnaître
ce rythme naturel sur quoi tout repose.

Il faut dès l'abord écarter la définition courante du
rythme, telle qu'elle figure par exemple dans le *Dictionnaire général* : « Distribution symétrique des temps forts
et des temps faibles, qui revient périodiquement dans une
phrase musicale, un vers, une batterie de tambour, etc. »,
ou dans le dictionnaire Larousse : « Disposition symétrique
et à retour périodique du temps fort et du temps faible dans
un vers, une phrase musicale, etc. » Ces définitions ne
sauraient s'appliquer au rythme d'une langue parlée qui par
nature ne comporte aucune symétrie, et où le mot « périodique » n'a pas de sens appréciable.

Dans la musique savante de l'Europe occidentale, depuis
le XVIIe siècle jusqu'à une époque récente, toute pièce musicale est divisée en mesures de durée sensiblement égale,
avec alternance de temps forts et de temps faibles revenant
à des intervalles strictement définis : si les temps forts
sont séparés par des temps faibles de durée égale à celle des
temps forts, la mesure est binaire (type : $\frac{2}{4}$, soit ♩ ♩) ; si
les temps forts sont séparés par des temps faibles dont la

durée est la moitié de celle du temps fort (type : $\frac{3}{4}$, soit ♩♪), la mesure est ternaire. Il existe des mesures composées ; la plus importante est le type binaire à accent fort secondaire, type : $\frac{4}{4}$, soit ♩♪♩♪. On a souvent combiné le type binaire et le type ternaire, ainsi dans le type dit : $\frac{6}{8}$, ♪♪♪ ♪♪♪. Des types à cinq temps, tels que ♩♪♩♪♪, existent ; mais ils se rencontrent d'une manière relativement peu fréquente. Ce qui est commun à tous ces types et à toutes leurs complications, c'est que, dans une pièce musicale étendue, les temps forts reviennent à intervalles sensiblement égaux. Cette égalité s'exprime par les barres de mesure : les parties du discours musical de durée égale et comprenant un même nombre de sommets rythmiques, un principal et un ou plusieurs secondaires, sont enfermées entre deux barres. Le compositeur a le droit de changer de « mesure » au cours du morceau ; mais les musiciens classiques n'ont fait de ce droit qu'un usage assez restreint, et la plupart de leurs morceaux, même de grande étendue, comprennent uniquement des mesures égales d'un bout à l'autre. — Plus une musique est élémentaire et destinée à un public dénué d'instruction musicale, plus le rythme y est régulier, plus brutalement il y est marqué. — Même la musique savante, qui fait grand usage de contrepoints mélodiques et où, dans le type de la fugue, ces contrepoints sont l'essentiel, n'use presque pas de contrepoints rythmiques, tandis que, inversement, la musique de beaucoup de demi-civilisés, négligeant les contrepoints mélodiques, emploie largement les contrepoints rythmiques. — De là vient que la conception usuelle du rythme chez les Européens est celle qui comporte le retour d'un temps marqué à intervalles constamment identiques.

Telle n'était pas la conception des anciens, et les définitions d'Aristote sont autres. Voulant décrire le rythme de la prose, Aristote, *Rhet.*, 1408, 21 et suiv., s'exprime ainsi : τὸ δὲ σχῆμα τῆς λέξεως δεῖ μήτε ἔμμετρον εἶναι μήτε ἄρρυθμον· τὸ

μὲν γὰρ ἀπίθανον, πεπλάσθαι γὰρ δοκεῖ..... τὸ δὲ ἄρρυθμον ἀπέραντον· δεῖ δὲ πεπεράνθαι μὲν, μὴ μέτρῳ δέ· ἀηδὲς γὰρ καὶ ἄγνωστον
τὸ ἄπειρον. Aristote distingue donc entre le « mètre », qui
comporte un retour régulier du temps fort, et le « rythme »,
qui suppose seulement un certain degré de détermination.
La définition banale du « rythme » répond à ce cas particulier qu'Aristote nomme « mètre ».

Quand il définit les types fondamentaux, Aristote décrit
les types qu'emploie la musique moderne, et qui sont les
seuls possibles : le type binaire, un à un (type « héroïque »,
celui de l'hexamètre) ; le type ternaire, un à deux (types
iambiques et trochaïques); le type deux à trois (type à cinq
temps, qu'Aristote nomme παιάν). De la prose, il écarte les
types à deux et à trois temps, qui sont trop « métriques ».
Pour le discours en prose, il retient le troisième type, parce
que c'est le moins évident des trois. Il va de soi cependant
que si, d'un bout à l'autre de la phrase, on employait le type
à cinq temps, on tomberait dans la métrique. Le type ‿‿‿
se prête, suivant Aristote, à commencer la phrase, et le type
‿‿‿ à la terminer.

Une mesure à cinq temps est ainsi propre à terminer la
phrase. Aristote indique la nécessité qu'il y a à marquer
les fins de phrases par des cadences rythmiques : ἡ γὰρ βραχεῖα
διὰ τὸ ἀτελὴς εἶναι ποιεῖ κολοβόν. Ἀλλὰ δεῖ τῇ μακρᾷ ἀποκόπτεσθαι
καὶ δήλην εἶναι τὴν τελευτήν μὴ διὰ τὸν γραφέα, μηδὲ διὰ τὴν παραγραφήν, ἀλλὰ διὰ τὸν ῥυθμόν. Isocrate emploie souvent la
cadence à cinq temps.

Mais, pour le cours du discours, ce sont des mesures
iambiques qui sont les plus fréquentes en attique. Aristote
continue ainsi : διὸ μάλιστα πάντων τῶν μέτρων ἰαμβεῖα φθέγγονται
λέγοντες. Dans l'*Art poétique*, 1449, a, 23, il dit précisément : τὸ μὲν γὰρ πρῶτον τετραμέτρῳ ἐχρῶντο διὰ τὸ σατυρικήν
καὶ ὀρχηστικωτέραν εἶναι τὴν ποίησιν, λέξεως δὲ γενομένης αὐτὴ ἡ
φύσις τὸ οἰκεῖον μέτρον εὗρε· μάλιστα γὰρ λεκτικὸν τῶν μέτρων τὸ
ἰαμβεῖόν ἐστιν· σημεῖον δὲ τούτου, πλεῖστα γὰρ ἰαμβεῖα λέγομεν ἐν τῇ
διαλέκτῳ τῇ πρὸς ἀλλήλους, ἑξάμετρα δὲ ὀλιγάκις καὶ ἐκβαίνοντες
τῆς λεκτικῆς ἁρμονίας, et 1460, b, 37 τὸ δὲ ἰαμβεῖον καὶ τετράμετρον κινητικὰ καὶ τὸ μὲν ὀρχηστικὸν τὸ δὲ πρακτικόν.

Il est difficile de confirmer cette observation par l'étude même de la langue. Car tout ce que peut examiner le linguiste, ce sont des textes littéraires où l'on peut supposer une recherche de rythme ou des textes épigraphiques dont la langue est plus ou moins traditionnelle et officielle. Toutefois, si l'on examine un orateur qui, comme Lysias, a une langue naturelle et chez qui la recherche du rythme oratoire paraît être le plus faible possible, et si l'on ouvre au hasard, ainsi dans la première ligne de la p. 38 de l'édition Teubner, on trouve 47 longues nettes et 31 brèves nettes, en négligeant les syllabes de quantité ambiguë ; il y a donc presque trois longues pour deux brèves ; et cette proportion, qui répond en gros à ce que l'on observe dans les vers iambiques du drame attique, ne paraît pas éloignée de l'usage courant de la langue, à en juger par l'examen de portions plus étendues du texte. Ces longues et brèves sont réparties de manière accidentelle ; il ne manque pas de séries de trois, quatre et cinq longues ou de trois, quatre et cinq brèves. En conséquence de la prédominance des longues, les séries de longues sont plus fréquentes et plus étendues que les séries de brèves. C'est ce que l'on observe dans les vers iambiques où les séries de trois longues sont fréquentes, celles de trois brèves plus rares. Isocrate n'évite pas les séries de type ‿‿‿ ou même ‿‿‿‿, à la différence de Démosthène qui recherche un rythme plus grave, et qui, par suite, recherche les successions ‿_ et ‿‿_, séparées par un nombre indéfini de syllabes longues. Le principe même de la prose exclut tout retour régulier de syllabes brèves et de syllabes longues à des intervalles définis.

L'attique est du reste le parler grec où la proportion des syllabes longues est le plus forte. Le grec commun, et encore la langue homérique et même l'ionien, offrent moins de contractions, et moins de syllabes longues : au lieu de trois brèves de l'ancien γένεος, l'attique a ‿_ dans γένους ; et, au lieu de quatre brèves de φιλέομεν, l'attique a ‿_‿ dans φιλοῦμεν. Le rythme naturel du grec commun était donc moins iambique que ne l'est celui de l'attique, et si le témoignage d'Aristote s'applique exactement à l'attique de son temps, il s'applique déjà moins à l'ionien du vi^e-ve siècle av. J.-C., et moins encore au grec commun, dont la langue homérique est la moins éloignée.

La prose védique offre une prédominance du nombre des longues actuellement moindre que celle de l'attique, puisqu'il n'y a aucune contraction à l'intérieur du mot, et analogue à celle que l'on observe dans le grec le plus ancien, environ 3 longues pour 2 brèves. Les chiffres que donne Oldenberg, *Zur Geschichte des S'loka* (*Nachrichten* de l'Académie de Göttingen, Phil.-hist. Kl. 1909), p. 225, n. 2, pour la prose védique et pour la prose pālie, le confirment.

Telle est donc la proportion que l'on doit attribuer à l'indo-européen. Cette forte proportion de syllabes longues tient à ce que l'indo-européen comprenait beaucoup de syllabes fermées équivalant à des syllabes dont la voyelle était une longue. Pour ne pas faire violence à la langue, un vers indo-européen ancien devait donc admettre comme possible une majorité de longues. Tel est en effet le cas de tous les vers de type archaïque en védique comme en grec ancien. Mais, pour mettre en évidence le rythme, les poètes étaient amenés à multiplier les brèves, seules capables de fournir des temps faibles nets.

L'alternance ⌣_ fournissait le type rythmique le plus naturel. Mais il convenait d'admettre aussi le type ⌣⌣_ à cause de la fréquence des groupes des deux brèves. Enfin, il était nécessaire d'admettre le type _ _ _ à certaines places ; car les formes de ce type étaient fréquentes dans la langue. Et il était même bon de pouvoir loger _ _ _ _ ou _ _ _ _ _ , ce qui arrive en védique, mais qui est évité en général dans la poésie grecque plus stylisée.

Une succession de trois brèves avait l'inconvénient de rompre le rythme, par absence d'un temps fort. On observe donc en védique et en grec une tendance nette à éviter cette succession choquante. Pour le grec, le fait a été reconnu par F. de Saussure, dans son article célèbre des *Mélanges Graux*, *Une loi rythmique de la langue grecque* (reproduit dans F. de Saussure, *Recueil des publications scientifiques,*

p. 464 et suiv.). F. de Saussure a montré alors que le grec
a recours à toute sorte d'artifices pour éviter ⌣⌣⌣. L'exemple
classique est celui des comparatifs de la forme : σοφώτερος,
φίλτερος, δεξίτερος (et aussi γεραίτερος, σωφρονίστερος) où se voient
des procédés divers pour échapper à la fâcheuse succession
de trois brèves. Il n'y a pas eu allongement phonétique (en
aucun cas un ο n'est allongé phonétiquement en ω), mais
utilisation de divers procédés analogiques. En face de
ἀλέγω, le grec a bien δυσηλεγής ; mais, quoique le vocalisme
normal des thèmes en *-es- soit le degré présuffixal e, le
substantif ἄλγος a le vocalisme radical zéro, parce que
ἀλεγεος fournirait ⌣⌣⌣; le comparatif est de même de la forme
ἄλγιον-. On trouve ἑκάτερθεν et ἑκατέρωθεν, mais non *ἑκατεροθεν.
Bien que le grec ait à la fois καρτερός de κρατερός, le déno-
minatif est toujours καρτερέω.

Depuis, on a pu montrer que le védique évite la succession de trois brèves d'une manière toute semblable, et que
même il a une prédilection pour le type ⌣_ (voir *Mém. Soc.
linguistique*, XXI, p. 193 et suiv.).

Le latin offre une tendance semblable (v. Juret, *Phonétique latine*, p. 270 et suiv.).

Ce fait, maintenant acquis, confirme le caractère quantitatif du rythme indo-européen et permet de se rendre
compte a priori de la structure du vers indo-européen : ce
vers devait reposer sur des alternances de longues et de
brèves, être caractérisé par ⌣_, admettre des séquences telles
que ⌣⌣ et ___, et ne comporter ⌣⌣⌣ que par exception et
seulement à des places non caractéristiques.

CHAPITRE IV

DES DIVERS TYPES MÉTRIQUES

La littérature grecque ancienne offre tous les types
de vers que l'on peut rencontrer : vers déclamés et vers
chantés. On peut distinguer trois types distincts, et comprenant d'ailleurs des subdivisions.

1° Vers déclamés.

Les vers déclamés des Grecs n'avaient pas le caractère de
simple parlé qu'ont les vers déclamés des littératures modernes. Ils étaient récités dans des conditions plus éloi-
gnées du parler commun. Même en tenant compte de ce
caractère artificiel, il demeure que dans une langue où le
rythme repose sur des successions de syllabes brèves et de
syllabes longues, et où il n'y a pas d'intensité inhérente à
la langue pour les marquer, les temps forts du vers ressortent peu. Des vers déclamés de ce genre ne peuvent
donc être nets que s'ils offrent une grande régularité, c'est-
à-dire si les temps forts y reviennent à intervalles toujours
les mêmes à peu de chose près. Cette condition est en effet
réalisée dans le vers épique et dans le type principal du vers
dramatique, le trimètre iambique. Les types sont les suivants dans la tragédie attique et chez Homère :

trimètre iambique

hexamètre

Si l'on pose l'égalité $\cup\cup = \_$, tous les pieds de l'hexamètre
sont égaux entre eux : le vers épique se compose donc de
mesures aussi égales que peuvent l'être des mesures constituées avec des mots réels de la langue, comportant des éléments de durée variable par nature, non avec des notes

musicales dont la tenue dépend de la seule volonté d'un
exécutant. Dans le trimètre iambique, l'égalité ◡◡ = _ tient
aussi sa place, puisque toutes les longues fixes, à savoir
celles des cinq premiers pieds du vers, peuvent être rem-
placées par deux brèves, c'est-à-dire qu'à ◡_ on peut substi-
tuer ◡◡◡. Mais l'égalité des pieds n'est pas parfaite, puisque
un pied sur deux admet __ au même titre que ◡_ ; l'ensemble des deux pieds, de la forme ≠_◡_ constitue ce que
l'on appelle un « mètre ».

Dans le trimètre iambique, et, d'une manière générale,
dans tout le type des vers iambico-trochaïques déclamés, l'un
des temps forts de chaque « mètre » peut être constitué
indifféremment par une brève ou par une longue, le rythme
étant marqué par la dépression que forme la brève fixe et
constante de l'autre pied du mètre. Ce jeu change peu de
chose à l'ensemble de la durée d'un mètre : en comptant
pour 1 les temps de brèves et pour 2 les temps de longues,
la durée du mètre est soit de 6 soit de 7 temps, différence
peu sensible dans du parlé. De plus, dans la langue parlée,
là où il ne s'agit pas de tenues musicales définies, les syllabes dites longues n'ont pas toutes la même durée, non
plus que les syllabes dites brèves. On sait, par exemple, que
la durée d'un *a* est, toutes choses égales d'ailleurs, plus
grande que celle d'un *e* ou d'un *o*, et celle d'un *e* ou d'un *o*
plus grande que celle d'un *i* ou d'un *u*. Entre un *a* bref et
un *i* long, la différence n'est donc pas de l'ordre de 1 et
2 ; on ne peut noter par 1 et 2 que les voyelles moyennes ;
mais entre les longues réelles d'un *a* bref et d'un *i* long, la
différence peut être petite. La langue opère, non avec des
durées objectives, mais avec le sentiment qu'ont les sujets
parlants d'une opposition entre syllabes brèves et syllabes
longues : pour qu'une syllabe dont la voyelle est *i* passe
pour longue, il suffit que sa voyelle soit un *ī* dont la durée
s'oppose à celle d'un *ĭ* ; il n'est pas nécessaire que cette
durée soit sensiblement plus grande que celle d'un *ă*, ni
égale à celle d'un *ā*. Les éléments syllabiques qui, dans un
vers déclamé d'une langue à rythme purement quantitatif,
constituent les temps forts et les temps faibles sont donc

de durée variable suivant les mots. Dès lors, en admettant une variation entre 6 et 7 dans la durée totale d'un mètre, on ne rompt pas le rythme : cette variation est de l'ordre de celles qui interviennent par le fait de l'emploi de mots ayant des structures phonétiques différentes.

Du reste les hommes qui prononçaient des vers, aèdes déclamant des morceaux épiques ou acteurs récitant des parties parlées de drame, avaient le sens du rythme des vers. Comme le moderne qui dit des alexandrins composés avec une prononciation du français distincte de la prononciation maintenant usuelle, ils pliaient nécessairement la prononciation aux exigences du rythme. Il n'y a, pour maintenir en tout cas un rythme net, qu'à user des libertés ordinaires au langage parlé, ou, s'il le faut, à en étendre un peu l'usage.

Sous le bénéfice de ces réserves, le vers épique dit hexamètre se composait de pieds égaux entre eux, le vers dramatique déclamé de mètres égaux sauf indétermination quantitative d'un temps faible sur deux.

Ni l'un ni l'autre des deux types n'avait un nombre de syllabes constant : tous les temps faibles autres que le dernier pouvant être composés soit d'une longue soit de deux brèves, l'hexamètre comprend un nombre de syllabes variable entre un minimum (rarement réalisé) de douze syllabes et un maximum (fréquent) de dix-sept : cette variation étendue était tolérable dans un vers où tous les pieds étaient de durée sensiblement égale. Dans le type iambico-trochaïque déclamé, la longue des temps forts peut être remplacée par deux brèves ; mais cette substitution, tout en étant licite, n'a lieu que dans une mesure peu étendue ; la grande majorité des trimètres iambiques comprend douze syllabes ; le type à treize syllabes est assez courant ; les cas de quatorze et surtout de quinze syllabes sont exceptionnels : comme la quantité n'était pas constante dans ce type, le nombre des syllabes ne pouvait varier fortement sans troubler la netteté du rythme.

2° Vers lyriques de la chanson.

Tous ces vers font partie de strophes ayant une forme

définie. La situation est autre que celle de vers κατὰ στίχον du type déclamé.

Comme ils sont faits pour être chantés (sur des airs qui n'étaient peut-être pas propres à chaque pièce particulière ; il a pu y avoir des « timbres »), ils ont un nombre de syllabes fixe. A cet égard, ils diffèrent essentiellement des vers déclamés.

Par là même, ils admettent une forme rythmique plus souple. Ils diffèrent beaucoup entre eux. Mais ils ont ceci de commun que les mesures peuvent y être inégales. Qu'il s'agisse de vers courts, de glyconiques, qui sont octosyllabiques :

$$- \cup - \cup \cup - \cup \underline{\cup}$$

ou de l'alcaïque et du sapphique, qui sont hendécasyllabiques :

alcaïque $\qquad \underline{\cup} - \cup - \underline{\cup} - \cup \cup - \cup \underline{\cup}$

sapphique $\qquad - \cup - \underline{\cup} - \cup \cup - \cup - \underline{\cup}$

le trait caractéristique de ces vers est qu'ils offrent des mesures où le temps faible comporte une seule brève à côté d'autres où il en comporte deux. Ce fait a beaucoup embarrassé les métriciens qui posent en principe l'égalité de durée des « pieds » ou « mesures ». On le prendra ici tel qu'il est, sans chercher à l'interpréter ou à l'éliminer par des hypothèses arbitraires.

Il va de soi que, dans des vers ainsi constitués, l'égalité $\cup \cup = -$ n'intervient pas.

3° Vers de la grande lyrique.

Ces vers, qui sont ceux de la grande poésie lyrique d'Alcman, de Pindare, de Bacchylide et des parties lyriques du drame, étaient destinés à être chantés sur des mélodies faites spécialement pour chaque pièce, et même, dans les drames, pour chaque strophe d'une pièce. L'exécution était accompagnée de danses ou d'évolutions, de sorte que le rythme ressortait des mouvements des exécutants et que le poète n'avait pas à se soucier de le mettre en évidence dans la forme même de ses vers. On observe donc ici la liberté de rythme la plus extrême : il n'y a pas deux pièces exac-

tement comparables l'une à l'autre. Et l'on rencontre tous
les cas, depuis des types voisins de ceux de la chanson jusqu'à
des successions constamment variables de longues et de
brèves, qui ne se laissent ramener à aucune mesure définie.

Comme le rythme est marqué par des évolutions des
exécutants, les pièces destinées à accompagner la marche du
chœur sont du type binaire régulier, commençant par un
temps faible : c'est ce que l'on appelle le type anapestique.

Ceci posé, il reste à formuler un principe commun à tous
les cas.

En dehors des types tels que l'hexamètre ou l'anapeste,
qui comportent des mesures strictement définies et le retour
du temps fort à intervalles constants, il est arbitraire de
vouloir retrouver cette régularité.

Beaucoup de métriciens semblent convaincus qu'il leur
faut trouver dans tous les vers antiques des mesures exactes,
comparables à celles de la musique des modernes, et qu'on
n'a scandé une pièce de vers anciens que lorsqu'on a réussi
à la découper en pieds de valeur égale comme on découpe
en mesures, au moyen de barres, un morceau de musique.
Il y a là une erreur fondamentale qui vicie notamment les
deux précis français sur la matière. celui de M. L. Havet
et celui de M. Masqueray. Et même des métriciens qui,
comme M. von Wilamowitz-Moellendorff, se rendent
compte de l'extrême souplesse de la rythmique grecque, ne
formulent pas nettement le principe qu'il n'y a pas lieu de
chercher dans un vers grec des mesures égales entre elles ;
pas lieu, par conséquent, de vouloir découper chaque vers
en pieds.

L'erreur provient des habitudes de la musique classique.
Cette musique est tout entière fondée sur des rythmes régu-
liers, qui s'expriment par la régularité des barres de mesure.
Même un musicien dont le rythme est infiniment souple et
délicat et dont les instruments dominants, l'orgue et le
clavecin, excluent les différences d'intensité ou n'en comportent que de restreintes, comme J. Sébastien Bach, présente sa musique avec les formes d'un rythme régulier. Les

musiciens de la fin du xviiie siècle ont des rythmes stricts, fortement marqués, assez monotones, surtout dans le style italien, qui, pour la plus grande partie du public, a représenté l'essentiel de la musique durant une grande partie du xixe siècle. R. Wagner a pu avec raison reprocher à la musique d'opéra française de son temps des rythmes de contre-danse. L'opérette est écrite tout entière avec des rythmes de danses simples. Mais ces types où le rythme est souvent d'une monotonie et d'une brutalité obsédantes ne sont pas toute la musique.

On sait maintenant qu'on peut écrire de la musique en variant les rythmes et en les contrepointant. Des modernes écrivent sans barres de mesure, là où ils emploient des rythmes libres. Les mélodies grégoriennes n'ont pas non plus de barres de mesure, parce qu'elles ont un rythme libre. La musique chorale du xvie siècle ne paraît pas encore se laisser découper en mesures fixes.

Le préjugé de la barre de mesure, devenu en métrique le préjugé du pied de durée constante, a tout faussé. La métrique moderne admet des vers libres où ne figure aucune mesure de valeur constamment la même. Il en a dû être de même de la métrique antique.

Si l'on fait abstraction de la régularité des pieds, il est possible de comparer le vers grec ancien au vers védique : en effet le vers védique n'est pas divisible en pieds. Il ne devient comparable au vers grec qu'à partir du moment où la théorie du vers grec n'est plus dominée par le pied. Or, M. von Wilamowitz-Moellendorff a énoncé la formule, capitale, que « le vers est plus ancien que le pied ». Oldenberg (*Zur Geschichte des Sloka, Nachrichten* de l'Académie de Göttingen, Phil.-hist. Kl., 1909, p. 220) affirme avec raison qu'il ne faut pas chercher dans le « Singsang » en quoi consistait la déclamation védique des mesures égales, et il ajoute cette formule excellente : « Singsang ist kein Gesang, und auch Gesang erweist nicht Taktgleichheit. » La comparaison du vers grec et du vers védique met ce principe en évidence.

CHAPITRE V

VERS VÉDIQUES ET VERS GRECS DE LA CHANSON

Les vers grecs qui se prêtent le mieux à être comparés à des vers védiques sont les vers lyriques de la chanson.

Dans les deux cas, on est en présence de vers faisant partie de strophes. La strophe védique est plus monotone, plus raide que la strophe grecque. Ceci s'explique par la différence des genres : les strophes védiques font partie d'hymnes rituels, destinés à être psalmodiés durant le sacrifice; les strophes grecques font partie de chansons ; il s'agit de types empruntés à la chanson et stylisés de manière à entrer dans une littérature déjà raffinée. Le fonds sur lequel reposent les unes et les autres a sans doute été à peu près le même. Mais le développement s'est fait en des directions différentes.

Les coïncidences entre les deux types sont frappantes.

Dans les deux, le rythme est défini uniquement par l'emploi de syllabes longues et de syllabes brèves à des places fixes. La définition prosodique des syllabes longues et des syllabes brèves est exactement la même en védique et en grec ancien, bien qu'il n'y ait eu aucune influence d'un des groupes sur l'autre. Sans doute les places où figurent les syllabes longues et les syllabes brèves ne sont pas toutes les mêmes dans les vers grecs et dans les vers védiques. Mais l'identité du procédé est à retenir.

Une même définition du « vers » s'applique dans les deux cas: un vers est un ensemble de syllabes, dont le nombre est fixe, et dont la dernière a une quantité indifférente, s'opposant à la quantité fixe de celles qui précèdent immédiatement. On conçoit que la syllabe qui termine le groupe n'ait pas une quantité définie ; car le silence qui caractérise la fin du groupe rendrait illusoire la différence de brève et de longue à cette place. Mais il subsiste que le vers se définit exactement de la même manière en védique et en grec ancien.

Soit maintenant la strophe védique de *jagatī* (en vers de 12 syllabes chacun) et la strophe de *triṣṭubh* (en vers de 11 syllabes chacun), deux des types les plus fréquents du Véda, dont voici des exemples :

jagatī :

RV. II, 1. 4

> *tvám agne rā́jā váruṇo dhṛtávrataḥ*
> *t(u)vám mitró bhavasi dasmá íḍ(i)yaḥ |*
> *tvám aryamā́ sátpatir yásya sambhújaṃ*
> *t(u)vám áṃço vidáthe deva bhājayúḥ.*

triṣṭubh :

RV. III, 5, 4

> *mitró agnír bhavati yát sámiddho*
> *mitró hótā váruṇo jātávedāḥ |*
> *mitró adhvaryúr iṣiró dámūnā*
> *mitráḥ sindhūnām utá parvatānām*

Les sept premières syllabes sont toutes pareilles dans les deux strophes : on en examinera la structure par la suite. Les quatre ou cinq syllabes de la fin seules diffèrent. On a ainsi :

jagatī :   – ◡ – ◡ ◡̆

triṣṭubh :   – ◡ – ◡̆

La différence entre les deux fins de vers est celle qui existe entre une fin de vers acatalectique et une fin de vers catalectique en grec. Ainsi, en face du trimètre iambique, qui, sans aucune résolution, comprend douze syllabes comme le

vers de *jagatī*, Sappho a le vers catalectique suivant de onze
syllabes, comme le vers de *triṣṭubh* :

χαίροισα νύμφα χαιρέτω δ'ὸ γάμβρος.

La fin seule diffère, et l'opposition était du type

acatalectique :　　　　　᷄ ＿∪＿∪ᷟ

catalectique :　　　　　＿∪＿ᷟ ͂

c'est-à-dire la même que l'opposition védique. De même, un
vers de 8 syllabes acatalectique s'oppose au vers catalectique de 7 dans cette strophe d'Anacréon :

γουνοῦμαι σ᾽, ἐλαφηδόλε,
ξανθὴ παῖ Διός, ἀγρίων
δέσποιν᾽ Ἄρτεμι θηρῶν.

A une fin acatalectique ＿∪ᷟ s'oppose ici une fin catalectique
＿ᷟ. De même encore, dans des vers plus longs, on a respec-
tivement 16 et 15 syllabes, avec fin acatalectique ou catalectique dans :

Alcée :

δέξαι με κωμάζοντα, δέξαι, λίσσομαί σε, λίσσομαι.

Hipponax :

εἴ μοι γένοιτο πάρθενος καλή τε καὶ τέρεινα.

Le procédé qui consiste à poser l'équivalence d'une noire
prolongée, ♩·, et d'une noire plus une croche, ♩♪, est
normal en musique. L'emploi de ce procédé dans le vers
chanté n'a rien de surprenant. Dans un vers parlé, la catalexe
serait peu admissible ; et en effet le trimètre iambique n'est
pas catalectique. Mais l'exactitude avec laquelle le procédé
védique se superpose au procédé grec est remarquable.

C'est la partie médiane du vers qui offre la concordance
la plus instructive. On la décrira ici d'après l'étude détaillée
publiée : *Journal Asiatique*, 1897, II.

Les vers védiques de *jagatī* et de *triṣṭubh* ont une coupe
— c'est-à-dire une fin de mot — obligée après la quatrième

ou la cinquième syllabe. Chacune des sept premières syllabes a donc la quantité longue ou la quantité brève, avec cette seule restriction que la seconde syllabe après la coupe est nécessairement brève (on n'examinera pas ici la façon — nullement arbitraire — dont ces syllabes longues et brèves se succèdent en chaque cas ; on retiendra seulement que, à toute place, il peut y avoir soit une longue soit une brève). Il résulte de là que la place de la principale dépression rythmique de l'intérieur du vers védique est variable. La structure des sept premières syllabes se présente dès lors de la manière suivante :

coupe après 5 :   ⏑ ⏑ ⏑ ⏑ ⏑ | ⏑ ⏑

coupe après 4 :   ⏑ ⏑ ⏑ ⏑ | ⏑ ⏑ ⏑

Dans le cas de la coupe après cinq syllabes, les sixième et septième syllabes sont, dans la grande majorité des cas, de la forme ⏑⏑. Le type _⏑ ne se trouve guère que dans un cinquième des cas ; il apparaît non seulement comme le moins fréquent, mais comme un cas spécial, relativement fréquent, ou même dominant, dans quelques hymnes, ignoré ou presque ignoré de tous les autres. Là où la sixième syllabe, suivant la coupe, est longue, la cinquième, précédant la coupe, est normalement brève. — En somme le type normal du vers à coupe après 5 syllabes est celui qui offre ⏑⏑ après la coupe.

Dans le cas de la coupe après quatre syllabes, les syllabes cinq, six et sept offrent l'un des quatre types suivants, dans les proportions suivantes pour le 3ᵉ *maṇḍala* du Ṛg veda, qu'on peut prendre pour type : ·

$$
\begin{array}{rr}
⏑⏑\_ & 492 \\
\_⏑\_ & 248 \\
⏑⏑⏑ & 108 \\
\_⏑⏑ & \underline{41} \\
& 889
\end{array}
$$

c'est-à-dire que, dans 641 des 889 vers considérés, il y a au milieu du vers un groupe de la forme ⏑⏑ ayant la finale iambique.

Ce groupe n'est, on le voit, pas toujours à la même
place. Mais, si l'on envisage à la fois les deux types à coupe
après 4 et après 5 syllabes, la prédominance de ce type rythmique à l'intérieur des vers de *jagatī* ou de *triṣṭubh* devient
nette.

La structure la plus ordinaire de l'ensemble du vers se
présente ainsi :

$$\smile\ \smile\ \smile\ \smile \mid \smile\ \smile\ \smile\ {-}\ \smile\ {-}\ \smile\ \smile$$

$$\smile\ \smile\ \smile\ \smile \mid \smile\ \smile\ \smile\ {-}\ \smile\ {-}\ \smile\ \smile$$

$$\smile\ \smile\ \smile\ \smile\ \smile \mid \smile\ \smile\ {-}\ \smile\ {-}\ \smile\ \smile$$

De quelque façon que soit réparti le groupe caractéristique
‿‿ de l'intérieur du vers, on n'arrive jamais à répartir en
pieds égaux les vers ainsi conformés, et l'on est amené à
poser un temps faible de la forme ‿‿ à côté d'un temps
faible de la forme ‿.

Cette structure du vers de 12/11 syllabes éclaire la structure du vers alcaïque et sapphique que les métriciens,
obsédés par la nécessité imaginaire de découper des pieds
égaux, ont trouvée énigmatique. On n'a pu réussir à découper les vers alcaïque et sapphique en pieds égaux qu'en
introduisant quelque hypothèse arbitraire : longues de trois
temps ou, ce qui est plus singulier encore, mesure battue
à contretemps.

Abstraction faite du fait — dont l'explication apparaîtra
p. 47 — que les vers grecs de onze syllabes n'ont pas
de coupe obligée, la coexistence de ‒‿‿ et de ‒‿ est un
trait fondamental qui caractérise à la fois ces vers grecs et
ces vers védiques. Soit en effet la strophe sapphique :

$$\smile\ \smile\ {-}\ \smile\ {-}\ \smile\ \smile\ {-}\ \smile\ {-}\ \smile$$

$$\smile\ \smile\ {-}\ \smile\ {-}\ \smile\ \smile\ {-}\ \smile\ {-}\ \smile$$

$$\smile\ \smile\ {-}\ \smile\ {-}\ \smile\ \smile\ {-}\ \smile\ {-}\ \smile \mid {-}\ \smile\ \smile\ {-}\ \smile$$

Le trait frappant est que ‒‿‿ et ‒‿ y sont juxtaposés. Le
même trait se retrouve, avec une disposition différente,
dans la strophe alcaïque :

$$\overset{\smile}{-}\,-\,\smile\,\overset{\smile}{-}\,-\,\smile\smile\,-\,\smile\overset{\smile}{-}$$

$$\overset{\smile}{-}\,-\,\smile\,\overset{\smile}{-}\,-\,\smile\smile\,-\,\smile\overset{\smile}{-}$$

$$\overset{\smile}{-}\,-\,\smile\,\overset{\smile}{-}\,-\,-\,\smile\smile\,-\,\smile\smile\,-\,\smile\smile\,-\,\smile\,-\,\overset{\smile}{-}$$

Ces vers offrent avec le type des grands vers védiques
deux particularités communes, liées l'une à l'autre : il est
impossible de les découper sans arbitraire en mesures
égales, et le temps faible est constitué tantôt par ⌣ et tantôt
par ⌣⌣.

En grec, où les vers les plus connus, l'hexamètre et le
trimètre iambique, se composent de mesures égales ou sensiblement égales, cette structure surprend au premier abord.
En védique, où rien n'indique jamais une division du vers
en mesures égales, on n'éprouve aucun étonnement.

Du reste, comme il a été noté ci-dessus, p. 24, la structure rythmique de la langue commandait cette liberté : la
langue tendait vers un type ternaire, soit _⌣ ; mais elle comportait trop de groupes ⌣⌣ pour éliminer d'un vers naturel
le type binaire _⌣⌣.

En fait, la coexistence de _⌣⌣ et de _⌣ est chose courante
en grec dans les vers lyriques de la chanson.

Dans ses vers courts, Anacréon la présente aussi bien
qu'Alcée et Sappho dans leurs vers plus longs. Soit par
exemple la strophe glyconique :

$$-\,-\,-\,\smile\smile\,-\,\smile\overset{\smile}{-}$$

$$-\,-\,-\,\smile\smile\,-\,\smile\overset{\smile}{-}$$

$$-\,-\,-\,\smile\smile\,-\,\smile\overset{\smile}{-}$$

$$-\,-\,-\,\smile\smile\,-\,\overset{\smile}{-}$$

La béotienne Corinne offre une répartition pareille des
temps forts et des temps faibles, ainsi :

ταν δ'ιαν Μηας αγαθος
πης Ερμας · ουτω γαρ Ερως
κη Κουπρις πιθεταν, τιως
εν δομοις βαντας κρουφαδαν
κωρας εννε' ελεσθη

c'est-à-dire :

$$- \cup - - - \cup \cup -$$
$$- - - - \underset{.}{-} \cup \cup -$$
$$- \cup - \cup \cup - \cup -$$
$$- \cup - - \cup \cup -$$
$$- - - \cup \cup - \breve{\cup}$$

Le vers ithyphallique d'Archiloque offre une répartition différente des temps faibles de la forme ⌣ et de la forme ◡ :

> ’Ερασμονίδη Χαρίλαε, χρῆμά τοι γελοῖον
> ἐρέω, πολὺ φίλταθ’ ἑταίρων, τέρψεαι δ’ἀκούων.

soit

$$\cup - \cup \cup - \cup \cup - \breve{\cup} \; | \; - \cup - \cup - \breve{\cup}$$

Ailleurs Archiloque présente :

> τῷ δ’ἄρ’ ἀλώπηξ κερδαλῇ συνήντετο
> κυκνὸν ἔχουσα νέον.

soit :

$$- - \cup - - - \cup - \cup - \cup \breve{\cup}$$
$$- \cup \cup - \cup \cup \breve{\cup}$$

Ce distique se répète plusieurs fois.

L'étendue des variations est plus grande en védique qu'elle ne l'est en grec, et ceci concorde avec ce que l'on observe toujours dans l'art grec qui se plaît aux canons arrêtés. Mais le type rythmique est au fond le même dans les deux langues.

Tandis que la cadence du vers a une quantité déterminée en védique et en grec, le commencement offre une liberté souvent étendue.

En védique, on l'a vu, cette liberté est presque totale. Dans les vers de 11 ou 12 syllabes, les quatre ou cinq syllabes qui précèdent la coupe peuvent être indifféremment longues ou brèves (le détail appelle une discussion dont la place n'est pas ici). Dans le cas de la coupe après 5 syllabes,

on rencontre souvent la longue aux 2ᵉ, 4ᵉ et 5ᵉ syllabes. Si
la seconde syllabe est brève, ce qui est relativement exceptionnel, la troisième est longue le plus souvent. Le début du
vers tend donc vers le rythme iambique, qui se trouve rompu
au milieu du vers, pour reprendre à la fin. Mais, au début,
il n'y a pas une syllabe dont la quantité soit constante. On
observe des tendances ; mais il n'y a aucune règle. Et ce qui
est vrai du vers de 11 ou 12 syllabes ne l'est pas moins des
vers de 8, qui sont fréquents : seule, la fin, de type ⌣–⌣, est
fixe ; les quatre premières syllabes admettent toutes les
quantités possibles.

En Grèce, où l'art tend à être plus réglé que dans l'Inde,
la liberté du commencement de vers est moindre. Mais elle
existe en une assez large mesure.

On cite des glyconiques commençant par –– (forme
usuelle), ⌣–, ainsi :

ὀδόντι σκυλακοκτόνῳ

–⌣, ⌣⌣. Même Anacréon, qui paraît avoir tendu à généraliser
le type –– au début du glyconique, n'exclut pas ⌣– :

ἔγω(γ)' οὔτ' ἂν 'Αμαλθείης

ni –⌣ :

Ζηνὸς ὑψηρεφὴς δόμος.

La prédominance du type –– s'explique du reste par la
langue même : abstraction faite de la finale indifférente, la
proportion des longues et des brèves répond assez à la proportion existant dans l'ionien du temps d'Anacréon.

Les deux premières syllabes de l'asclépiade sont aussi
libres ; ainsi chez Alcée –⌣ et ⌣– dans les vers suivants :

ἦλθες ἐκ περάτων γᾶς ἐλεφαντίναν
λάβαν τῶ ξίφεος χρυσοδέταν ἔχων.

Héphestion cite des phaléciens commençant l'un par –⌣,
et l'autre par –– :

χαῖρ' ὦ χρυσυκέρως, βαβακτά, κήλων
Πάν, Πελασγικὸν Ἄργος ἐμβατεύων·

La liberté de l'initiale était une tradition de la chanson populaire. Dans l'une des rares pièces de type populaire qui soient conservées, dans le chant rhodien de l'hirondelle, on observe, pour des vers pareils entre eux, les initiales ⏑⏑, ‒⏑, ‒‒, ⏑‒, et même ‒ simplement :

ἦλθ᾽, ἦλθε χελιδών,
καλὰς ὥρας ἄγουσα
καὶ καλοὺς ἐνιαυτούς,
ἐπὶ γαστέρα λευκά,
ἐπὶ νῶτα μέλαινα
παλάθαν σὺ προκύκλει
ἐκ πίονος οἴκου
οἴνου τε δέπαστρον
τυρ(ῶν) τε κάνυστρον.

La liberté s'étendait du reste au delà des deux premières syllabes, et il ne manque pas de traces d'une liberté s'étendant sur les quatre ou cinq premières syllabes des vers, comme en védique. M. Schröder, *Vorarbeiten*, p. 26 et suiv., envisage que ce que l'on a appelé la « base » et qui est la partie initiale du vers, relativement libre, s'étendait sur quatre syllabes. M. von Wilamovitz-Möllendorff a même édité, *Neue Jahrbücher*, 1914, p. 238 et suiv., un nouveau fragment d'Alcée où se trouvent côte à côte des vers commençant par ‒⏑‒⏑⏑‒, comme :

ὀκπτέτω πόλιν ὼς καὶ πεδὰ Μυρσίλω

et un vers commençant par ⏑‒⏑‒‒⏑, comme :

ἐνῶρσε δᾶμον μὲν εἰς ἀυάταν ἄγων.

Le vers de la strophe alcaïque a un début moins libre. Toutefois la première et la cinquième syllabes sont de quantité indifférente. Ainsi, pour prendre les exemples cités par M. Masqueray, on y trouve quatre types, dans une strophe :

ἀσυνέτημι τῶν ἀνέμων στάσιν·
τὸ μὲν γὰρ ἔνθεν κῦμα κυλίνδεται,

et, dans une autre :

> χειμῶνι μοχθεῦντες μεγάλῳ μάλα·
> πὲρ μὲν γὰρ ἄντλος ἰστοπέδαν ἔχει.

A travers un type déjà fixé, on entrevoit ici la liberté ancienne des cinq premières syllabes.

Dans le début des vers sapphiques, c'est la quatrième syllabe dont la quantité est indifférente, ainsi chez Sappho :

> καὶ γὰρ αἰ φεύγει, ταχέως διώξει,
> αἰ δὲ δῶρα μή δέκετ᾽, ἀλλὰ δώσει.

La comédie, qui conserve des formes populaires, offre au moins un vers où la liberté du début concorde exactement avec ce que l'on observe en védique. Le vers dit priapéen est, on le sait, une sorte de petite strophe composée d'un vers de 8 syllabes, terminé par ◡–◡–, et d'un vers de 7 syllabes, catalectique, terminé par ◡––. Dans chacun de ces deux petits vers de la strophe, les quatre premières syllabes sont de forme libre, si bien que l'ensemble est de la forme :

$$\smile\smile\smile\smile\smile - \smile - \mid \smile\smile\smile\smile\smile - \smile$$

(voir Masqueray, *Métrique grecque*, p. 277 et suiv.). Ce type se superpose à celui du vers védique de 8 syllabes :

$$\smile\smile\smile\smile\smile - \smile\smile$$

Le grec avait donc conservé la tradition de la liberté quantitative au début du vers. La tendance à normaliser a masqué cette liberté dans les ouvrages littéraires. Mais des traces en apparaissent de tous côtés dans la lyrique de la chanson.

Dans la pièce sur la naissance d'Hermès dont il a été cité ci-dessus une strophe, p. 36, Corinne emploie indifféremment des vers de la forme :

$$\smile\smile\smile - - \smile\smile -$$

et de la forme (moins fréquente) :

$$\smile\smile - \smile\smile - \smile -$$

le vers final, catalectique, était de la forme :

$$- - - \cup \cup - \underset{\smile}{\times}$$

C'est-à-dire que, pourvu que le schéma métrique soit en gros le même, le poète peut répartir de manière différente les longues et les brèves dans le corps du vers. Ici la liberté va plus loin qu'en védique, puisque les fins de vers elles-mêmes ne concordent pas. Mais cette liberté est comparable à celle qu'on observe au milieu du vers de 11 ou 12 syl-labes en védique, suivant que la coupe est après 4 ou après 5 syllabes.

La liberté qu'on remarque dans ce type strophique de Corinne donne lieu de supposer que le vers sapphique et le vers alcaïque ont appartenu à l'origine à un même type de strophes où il était licite de les employer concurremment. La différence entre les deux est de l'ordre de celle que l'on observe entre les deux types de vers de la strophe de Corinne :

sapphique :

alcaïque :

On entrevoit donc un état de la chanson où le poète pouvait entremêler des types métriquement équivalents dans l'ensemble, mais de structure diverse dans le détail. Et ceci concorde avec l'état de choses védique.

Ces concordances sont significatives, surtout si l'on tient compte du temps — sûrement plus d'un millier d'années — qui s'est écoulé depuis la séparation définitive des dialectes destinés à devenir l'indo-iranien, d'une part, le grec, de l'autre — de la différence profonde des genres, la lyrique de la chanson, d'une part, la lyrique du rituel religieux, de l'autre — et, enfin, des tendances différentes qui ont dominé dans la littérature de l'Inde et dans celle de la Grèce.

Du reste, si, au lieu de n'avoir de la lyrique de la chan-son que des débris, et presque tous de caractère fortement littéraire, on avait conservé la masse des textes, et si des morceaux franchement populaires avaient survécu, il est probable que les ressemblances avec les formes védiques apparaîtraient plus nettes encore. Il a suffi de quelques morceaux nouveaux d'une poétesse proche du type populaire comme Corinne pour faire connaître la liberté singulièrement étendue d'employer des vers de forme différente dans une même strophe.

De l'ensemble des faits, il ressort que les alternances de longues et de brèves par lesquelles se définit le vers ne comportaient ni en védique ni dans la chanson grecque une division en pieds égaux ou approximativement égaux. La rythmique de l'ancien vers indo-européen comportait le retour des temps forts et des temps faibles à des places définies, mais sans division régulière de la période en fractions de même durée. Entre une prose rythmée, qui se définissait par une répartition équilibrée des longues et de brèves et par des cadences satisfaisantes pour l'oreille, et des vers, qui se définissaient par des périodes composées d'un nombre de mots fixe avec des cadences dont la quantité se réglait suivant des formules arrêtées et avec une tendance à répartir suivant certaines règles l'intérieur du vers, il a pu et dû y avoir tous les cas intermédiaires possibles. La distinction entre la prose et les vers n'est pas nécessairement tranchée même aujourd'hui ; elle pouvait l'être moins encore dans une nation où toute la littérature était orale.

Dès lors, la précision des concordances observées entre les vers védiques et les vers de la chanson grecque est probante : il y a eu dans le monde indo-européen des vers définis par des alternances quantitatives réglées.

CHAPITRE VI

L'ÉGALITÉ ‿‿ = ‒ EN GREC

De même que, en musique, une noire vaut deux croches, ♩ = ♫, de même dans les vers grecs les plus connus, l'hexamètre, les types iambico-trochaïques, les anapestiques, une longue vaut deux brèves, ‒ = ‿‿. Pour qui sait la musique, rien ne peut paraître plus naturel. Et, comme les Latins ont reproduit cet usage quand ils ont copié les mètres grecs, tous les philologues ont appris à le connaître avant d'avoir réfléchi à la métrique. On est donc enclin, au premier abord, à voir dans cette pratique des poètes grecs quelque chose de nécessaire, et qui va de soi, et, par suite, d'ancien.

Le comparatiste qui a étudié les mètres védiques est obligé d'examiner le fait avec plus de critique : le Veda ignore l'égalité ‒ = ‿‿. — Pour trouver des mètres qui, en sanskrit, jouent le même rôle que joue en grec l'hexamètre, il faut descendre jusqu'au sanskrit classique ; là non plus, on ne trouve pas trace de cette égalité. Une métrique qui, presque autant que la métrique grecque, est quantitative, ne pratique donc pas cette équivalence d'une longue et de deux brèves qui paraît si naturelle.

Si pareille équivalence avait été pratiquée en indo-européen, il semble qu'elle aurait dû persister dans l'Inde aussi bien qu'en Grèce. Du reste, en Grèce même, on a vu que la lyrique de la chanson n'en faisait pas usage. Le plus probable est donc qu'il s'agit d'une innovation grecque, peut-être même d'une innovation ionienne, que la poésie éolienne n'emploie pas.

D'ailleurs le rôle que joue l'égalité ‿‿ = ‒ varie d'un genre à l'autre.

Dans l'hexamètre, elle est le fondement même sur lequel repose le vers : entre le temps fort, qui n'admet que la longue non résolue, et le temps faible, qui est caractérisé par le fait que la résolution y est admise et même recherchée, il y a opposition nette ; ici le groupe ⏑⏑ est une caractéristique du temps faible.

Dans le type iambico-trochaïque, l'équivalence de ⏑⏑ et de _ est admise à la fois au temps fort et au temps faible ; mais elle ne joue qu'un rôle accessoire ; on peut toujours remplacer un groupe ⏑_ par ⏑⏑⏑, mais ce remplacement, tout licite qu'il soit, n'intervient que dans un nombre de cas relativement restreint, et l'on peut lire de longues suites de vers sans en trouver un seul cas ; ainsi, au début de l'*Ajax* de Sophocle, on lit 29 vers de suite sans en rencontrer un exemple, et ce n'est qu'au trentième vers qu'on en lit enfin un ; les poètes tragiques évitent manifestement le tribraque, et en général n'en admettent pas plus d'un dans un même vers. La résolution de la longue faible dans l'un des pieds du mètre iambico-trochaïque a donc le caractère d'une licence. L'anapeste n'a été admis que peu à peu, toujours avec réserve. Enfin, dans ces mêmes pieds faibles, la résolution de la longue du temps fort, qui aboutit à donner _⏑⏑ pour équivalent à ⏑_, est tout à fait une anomalie, admise surtout au début du vers, et pour des raisons spéciales. En somme, dans le genre iambico-trochaïque, la résolution des longues n'a rien d'essentiel ; c'est une licence nécessaire pour faire entrer dans les vers certains mots, licence qui nuit au rythme, et dont l'emploi est d'autant plus limité que le poète cherche un rythme plus noble et plus soutenu.

Les mètres anapestiques, qui sont le domaine propre du rythme binaire à deux temps égaux, admettent presque également la résolution de la longue du temps fort et de celle du temps faible. Seule, la cadence finale qui caractérise le mètre, exige l'anapeste sous sa forme ⏑⏑_. Ici le rythme est si nettement marqué par la marche qui accompagne le vers, et l'égalité des deux temps est si bien de rigueur, du fait de l'emploi qui est fait de ce mètre, qu'on a pu aller à l'extrême dans l'usage de l'égalité ⏑⏑ = _.

Ayant ainsi des usages différents suivant les mètres, l'égalité ‿‿ = _ apparaît comme une innovation grecque.

L'innovation a eu des conséquences considérables.

Elle souligne le caractère quantitatif de la métrique. Par le fait qu'on fait intervenir une égalité de caractère purement quantitatif, comme ‿‿ = _, le rôle dominant de la quantité se trouve mis en évidence. La durée longue se trouve marquée nettement. En revanche la valeur du temps fort est moins sensible dans ‿‿ qu'elle ne l'est dans _ ; et ce n'est pas un hasard que, dans l'hexamètre, le plus anciennement attesté des types grecs, ‿‿ soit exclu du temps fort.

L'équivalence de ‿‿ et de _ exclut la constance du nombre des syllabes du vers. Il ne faut pas plus pour en transformer l'économie. Un nombre de syllabes fixes suffit à définir un vers ; on n'aperçoit pas d'autre principe clair dans les vers de l'ancien iranien. A défaut de constance du nombre des syllabes, le vers doit avoir quelque caractéristique précise. La régularisation de cette alternance de syllabes longues et de syllabes brèves, qu'appelait la tendance générale du grec à normaliser, devenait nécessaire pour rendre le vers reconnaissable. A ce point de vue encore, les oppositions de syllabes brèves et de syllabes longues se trouvaient donc mises en une évidence plus grande qu'auparavant.

Pour déterminer l'usage de l'égalité ‿‿ = _, il fallait une métrique où la déclamation non chantée tenait une large place, mais où, en même temps, cette déclamation avait un caractère solennel, où elle consistait en une mélopée, et non en un parlé pur et simple, et où, par suite, il y avait une technique du rythme, distincte de la technique musicale, mais comportant des règles strictes.

Toutefois, c'est un changement dans la structure rythmique de la langue qui a, au fond, entraîné l'innovation dans la métrique.

Le rythme du védique est nettement iambico-trochaïque. Les groupes de plus de deux brèves sont évités ; mais ce qui est recherché, c'est la succession de ‿ et _ ; M. Bloomfield l'a indiqué dans le *Journal* de la Société orientale américaine, XXI, 2. p. 50 et suiv., et on l'a montré, avec plus de détails, M. S. L., XXI, 193 et suiv. Les poètes védiques multiplient l'emploi de mots où ce rythme figure à l'état pur : *sómapītaye, bráhmaṇaḥpátiḥ, ádhārayanta, híraṇyapāṇim, prajāvatīḥ, práticyavīyasī*, etc. La tendance du védique ressort d'oppositions telles que les suivantes : *pră-săham* et *prā-sáham, prā-sáhā, prā-sáhaḥ*. Soit la racine *vart-* ; le parfait à redoublement a *vă-* dans *vavárta*, mais *vā-* dans *vāvṛtúḥ, vávṛté* (l'unique exemple de *vāvarta* est au maṇḍala X du Ṛg veda, dans un commencement de vers, donc non garanti par la métrique) ; l'aoriste causatif est *ávīvṛtat* ; l'intensif est de la forme *varīvarti* et *várvṛtat, várvṛtānaḥ* ; on notera aussi des formes telles que *vartáyāmi*. — Tandis que le grec admet φέρομεν, le sanskrit a, par un emploi hardi de l'analogie, fixé *bhárāmaḥ* ; le grec conserve même φερόμεθα (sans doute d'après des cas tels que λειπόμεθα) ; le védique a *bhárāmahi*. — Le participe moyen est en védique de la forme *bháramāṇaḥ* (et *vártamānaḥ*) et, dans l'Avesta, de la forme *barəmnō* ; le grec a conservé φερόμενος (d'après des cas tels que λειπόμενος). Le grec conserve γενέτορα, γενέτειρα ; le védique a *janitáram, jánitrī*. Le védique a, par analogie, éliminé l'ancien ə dans *dhattha*, tandis que le grec a τίθετε. Une flexion φύσις s'est généralisée dans tous les parlers grecs autres que l'attique, tandis que le sanskrit a généralisé le type *máteḥ*. Le védique a *nắma, nắmabhiḥ*, et le grec ὀνόματος, où les successions de brèves ont subsisté. On peut multiplier les exemples : le grec admet tout à fait la succession de deux brèves, qui a entraîné par analogie de nombreuses successions de trois brèves ; le védique tend au contraire à éliminer même les successions de deux brèves, bien qu'il les tolère souvent. C'est dire que le rythme naturel du grec comportait bien la suite ⏑⏑, et que le rythme dactylique avait en grec sa place normale à côté du rythme trochaïque. Peu apparente au premier coup d'œil, l'innovation était capitale.

La différence entre le védique et le grec ressort d'une licence connue : il arrive qu'une fin de vers de la forme ⏑⏑⏓ soit substituée en védique à _⏑_, par exemple *jánasaḥ* à *ándhasaḥ*. En grec, au contraire, ⏑⏑⏑ équivaut simplement à ⏑_ dans le trimètre iambique. Ainsi, en védique, le groupe ‿‿⸺ se substitue à ⸺‿⸺, tandis que en grec, il faut ‿‿‿⸺.

Les nombreuses contractions qui ont eu lieu, surtout en attique, à la suite de l'amuissement des anciens *y*, *s* et *w* intervocaliques, ont par la suite tendu à changer de nouveau le rythme, si bien que le rythme de l'attique s'est rapproché avec le temps de celui du sanskrit. Mais le grec commun présente, par rapport à l'indo-européen, un type rythmique sensiblement nouveau.

Ce rythme se trouvait être plus étalé. A nombre de syllabes égal, un vers grec était donc plus court qu'un vers védique. On s'explique ainsi la seule différence importante qu'il y ait entre le vers védique de *jagatī* et de *triṣṭubh* et le vers éolien, alcaïque et sapphique. Les premiers ont une coupe obligée, les seconds n'en ont pas. Ceci tient à ce que les premiers sont, pour le sentiment rythmique, plus longs que les seconds : en védique et en grec, les vers courts n'ont pas de coupe obligée.

On s'explique aussi que, dans une langue où le rythme subissait cet étalement, l'unité rythmique ait tendu à s'allonger : dans le type iambico-trochaïque, l'unité principale n'est pas le pied, c'est le mètre, qui comprend deux unités secondaires, les pieds. Et les pieds longs, comme le crétique, à cinq temps, ⸺‿⸺, avec ses résolutions telles que ⸺‿‿‿ ou ‿‿‿⸺ (disposées naturellement de manière à éviter la succession de ‿‿‿‿‿‿) sont usuels en grec.

Par là même, la succession des syllabes longues et brèves devait être réglée avec plus de précision que dans l'Inde.

CHAPITRE VII

LES VERS IAMBICO-TROCHAÏQUES

A partir d'ici, la comparaison des types grecs avec les types védiques devient malaisée, parce que l'on ne trouve plus de correspondances exactes. Néanmoins, la comparaison est encore susceptible d'éclairer beaucoup de particularités. Des vers grecs, on ne retiendra que les traits qui reçoivent quelque lumière de la comparaison. Mais il va de soi qu'il ne faut jamais perdre de vue la structure générale des vers et qu'on doit se garder de rapprocher des détails isolés.

Le trimètre iambique des Grecs est un vers employé κατὰ στίχον, tandis que les vers de *jagatī* et de *triṣṭubh* des Indiens font partie de strophes. Mais le fait que les uns et les autres sont de dimensions comparables engage à les rapprocher. Et, en tenant compte des différences entre les deux cas, il subsiste une série de traits communs.

La principale différence de structure consiste en ceci que les parties du vers où la quantité est libre ne sont pas les mêmes en grec et en védique. Un élément de liberté est nécessaire. Le rythme dominant est iambique dans les deux cas. Mais la structure de la langue ne permettait ni aux poètes grecs ni aux poètes védiques de faire de longues séries de vers composés d'iambes. Dans le vers védique, toutes les syllabes libres sont groupées au début du vers. Dans le vers grec, les éléments libres sont répartis sur toute l'étendue du vers. Soit donc, pour des vers de *jagatī*, d'une part, pour des trimètres grecs sans résolution. d'autre part, la comparaison des deux types courants :

vers de jagatī :
(coupé après 5)

trimètre grec :   ⏑ – ⏑ – ⏑   – ⏑ – ⏑ – ⏑
(coupé après 5)

Le vers védique est moins déterminé au début, et le vers grec l'est moins dans la partie médiane. A ceci près, la parenté des deux types est manifeste.

La parenté devient plus évidente encore si l'on envisage le type védique exceptionnel où, après la coupe après 5 syllabes, vient un groupe de la forme – ⏑, soit :

RV III, 10, 1   *devám mártāsa indhate sám adhvaré*

c'est-à-dire :

⏑ ⏑ ⏑ ⏑ ⏑   – ⏑ – ⏑ – ⏑ ⏑

en face du grec ·

⏑ – ⏑ – ⏑   – ⏑ – ⏑ – ⏑ ⏑

A ceci près que les éléments libres sont répartis différemment, les deux types métriques sont superposables, surtout si l'on tient compte de la tendance observée en védique à mettre une longue à la 2ᵉ et à la 4ᵉ places du vers. Le trimètre iambique trouve donc en védique un correspondant presque parfait.

Ici comme partout, le grec choisit, répartit, pose un type arrêté. Dans le Véda, le type à – ⏑ suivant la coupe après 5 est relativement fréquent dans certains hymnes ; il domine même dans quelques-uns, ainsi **RV III, 10**. Mais il n'est jamais employé d'une manière exclusive. Au contraire, le type du trimètre iambique est fixé une fois pour toutes, ce qui tient en partie à son caractère de vers déclamé, employé κατὰ στίχον.

Le retour régulier des « pieds purs » permet d'employer des « résolutions » de longues. Sauf au dernier pied, ⏑⏑⏑ peut toujours être substitué à ⏑ –, avec cette réserve que, le tribraque risquant de rendre le rythme sautillant, les poètes tragiques en ont limité l'emploi, — fait de style et non de métrique. Si l'on compare le fait, qui sera rappelé ci-dessous, que, dans l'hexamètre homérique, ⏑⏑⏑ est souvent substitué

A. MEILLET.   4

à _◡◡, et alors noté par la tradition _◡◡, il est probable que la première des deux brèves du groupe ◡◡ servant de résolution à une longue était légèrement prolongée dans la prononciation : dans une langue à rythme quantitatif, le seul moyen d'obténir un temps fort au milieu d'une série de brèves est de prolonger l'une d'entre elles. Donc dans un vers tel que :

Soph. *Ajax*, 30   πηδῶντα πεδία σὺν νεορράντῳ ξίφει

il est probable que la première brève de πεδία était légèrement prolongée, probable même que le jeu rythmique de la phrase entraînait normalement pareil prolongement dans la prononciation courante, et que le récitant avait seulement à marquer un peu une tendance de son parler habituel.

La substitution de ◡◡_ à __ dans les « pieds impurs », a l'inconvénient de trop mettre en évidence la durée longue du demi-pied qui fait pendant à la brève obligée du demi-pied pur. De là vient que, là où le rythme doit être net, comme dans la tragédie, l'anapeste est en somme évité, bien que, à en juger par l'hexamètre, ◡◡ se prête à fournir un demi-pied faible.

La substitution de _◡◡ à __ est plus contraire encore au rythme iambique, parce que l'élément naturellement faible ◡◡ forme la partie forte du pied. Aussi le dactyle est-il plus nettement évité que l'anapeste dans le type iambique. Chez les tragiques, il sert surtout à faire entrer dans le vers des mots qui n'y pourraient pas entrer autrement. Ce sont notamment des noms propres. Car, en ce qui concerne les noms communs, le caractère artificiel du vocabulaire, comportant l'emploi de γλῶτται, permettait, en une large mesure, de trouver des substituts aux mots qui avaient des inconvénients pour le rythme.

Une concordance importante entre le védique et le grec qui manquait dans le vers de la chanson apparaît ici : comme les vers de *jagatī* et de *triṣṭubh*, le trimètre iambique a une coupe obligée. Et ceci se conçoit : la dilatation du rythme qui caractérise le grec étant compensée par la résolution possible

des longues, le trimètre iambique a une longueur comparable à celle des vers védiques de 12 syllabes et comporte
par suite une coupe. En fait, le trimètre iambique comporte
souvent plus de 12 syllabes, surtout dans la comédie. Et
si, dans la tragédie, beaucoup de trimètres n'ont que
12 syllabes, c'est par suite de la recherche d'un rythme
strict et noble. Pour le sentiment des sujets parlants, le trimètre iambique était un vers qui pouvait normalement
comporter plus de 12 syllabes : les trimètres de 14 syllabes
ne sont pas exceptionnels.

La coupe se définit de la même manière en grec et en
védique: elle consiste en une fin de mot. Il n'est aucune-
ment nécessaire qu'il y ait fin de groupe de mots, demi-
suspension du sens, comme il arrive le plus souvent à la
« césure » du vers français classique. La concordance tient
en grande partie à la structure de langues où la fin de mot
a une signification et où les mots ne forment pas entre eux
des groupes serrés. Mais elle reste intéressante par sa précision.

De même qu'en védique, la coupe est en grec sujette à
occuper deux places différentes, au choix du poète. En
védique, dans les vers de 11 ou 12 syllabes, on a vu que
la coupe pouvait être après 4 ou après 5 syllabes. Dans le
trimètre iambique, elle est après 5 ou après 7, abstraction
faite des résolutions possibles de longues. La différence
s'explique : d'une part, le rythme normal du grec est plus
étalé, on le sait, que celui du védique ; d'autre part, la coupe
n'intervient pas dans la structure rythmique du vers grec,
où les « mètres » ont chacun leur forme propre ᵕ_ᵕ_, tandis
que, dans le vers védique, elle commande la structure de la
partie médiane du vers, par le fait que la seconde syllabe
après la coupe est normalement une brève.

Ces faits conduisent à supposer que le trimètre iambique
n'est pas une création des Grecs. Le trimètre iambique n'a
pas été inventé. Il a été dégagé d'un ensemble complexe, et
obtenu par le choix d'une forme spéciale, et par des normalisations.

La liberté ancienne du début a été restreinte. En règle générale, la première syllabe du vers a seule une quantité indifférente. Mais il subsiste des traces de la liberté indo-européenne. L'anapeste et surtout le dactyle, qui, dans le trimètre iambique, sont des anomalies, se trouvent surtout au début du vers. Et, chose plus frappante encore, les poètes font, dans une mesure restreinte, usage d'une licence qui, dans les vers grecs est surprenante : ‿‿ se trouve au début du vers, au lieu de ‿‿ ; M. Masqueray, *Métr. gr.*, p. 165 et suiv., en donne de bons exemples, ainsi :

Esch.. *Sept,* 488 · Ἱππομέδοντος σχῆμα καὶ μέγας τύπος
Arist. *Guêpes,* 902   Ποῦ δ'ὁ διώκων, ὁ Κυδαθηναιεὺς κύων;

Quant à la rigueur plus grande de la fin de vers, la loi de Porson l'atteste, au moins pour un cas particulier. Quand le vers se termine par un trisyllabe, l'avant-dernier pied doit être pur. Cette règle montre une tendance vers une fin de vers de la forme stricte : ‿‿‿‿, comparable exactement au type védique. Archiloque offre, semble-t-il, cette tendance :

> ῎Αναξ ῎Απολλον, καὶ σὺ τούς μὲν αἰτίους
> σήμαινε καὶ σφέας ὅλλυ᾽ ὥσπερ ὀλλύεις.

Il est vrai que M. L. Havet, *Métrique*, p. 114, a généralisé la formule de Porson. Mais il subsiste que c'est en fin de vers que la formule trouve son application principale, dé beaucoup.

Dans ses vers de 8 syllabes, le védique a en règle générale la fin ‿‿‿ comme dans les vers de *jagatī*. Mais on rencontre assez souvent une fin de la forme ‿‿‿‿. Cette fin se trouve, à côté de la fin normale, dans beaucoup de strophes du Rgveda, ainsi :

RV. I, 2, 2

> *vāya ukthébhir jarante*
> *t(u)vām áchā jaritārah*
> *sutásomā aharvidah.*

Elle domine dans certains hymnes, ainsi :

RV. VIII, 2

> 1 *idám vaso sutám ándhah*
> *pibā súpūrṇam udáram |*
> *ánābhayin rarimā́ te*
> 2 *nṛ́bhir dhūtā́h sutó áçnair*
> *ávyo váraih páripūtah |*
> *áçvo ná niktó nádīṣu.*
> 3 *tám te yávam yáthā góbhih*
> *svādúm akarma çrīnántah |*
> *índra tvāsmín sadhamā́de.*

etc., etc.

Ce type passe pour populaire; il s'oppose à l'usage ordinaire du Rgveda. Par la suite, il a pris une grande extension. On s'en est servi notamment pour opposer le premier vers au second dans un groupe de deux vers de 8 syllabes, ainsi :

RV. X, 136, 3

> *únmadilā maúneyena*
> *vátāṅ ā́ tasthimā vayám |*
> *çárīréd asmā́kam yūyám*
> *mártāso abhí paçyatha.*

Soit :

$$\_\,\cup\,\cup\,\_\,\_\,\_\,\_\,\breve{\cup} \qquad \_\,\_\,\_\,\_\,\cup\,\_\,\cup\,\breve{\cup}$$

$$\cup\,\_\,\_\,\_\,\_\,\_\,\_\,\breve{\cup} \qquad \_\,\_\,\cup\,\cup\,\cup\,\_\,\cup\,\breve{\cup}$$

Ce type se retrouve en pâli dès la date la plus ancienne. Ainsi la stance 1 du Bāveru-jātaka, que M. S. Lévi date du Ve siècle av. J.-C., est de la forme :

$$\cup\,\_\,\cup\,\_\,\cup\,\_\,\_\,\breve{\cup} \qquad \cup\,\cup\,\_\,\_\,\cup\,\_\,\cup\,\breve{\cup}$$

$$\_\,\_\,\_\,\cup\,\cup\,\_\,\_\,\breve{\cup} \qquad \_\,\_\,\cup\,\cup\,\cup\,\_\,\cup\,\breve{\cup}$$

On sait quelle place a prise ce type dans la littérature sanskrite; il est devenu, entre autres choses, le type épique par excellence; il joue un rôle pareil à celui que joue l'hexamètre pour le grec. Il n'y a pas lieu d'en examiner l'his-

54 — LES VERS IAMBICO-TROCHAÏQUES

toire en sanskrit. Il suffit de retenir que, dès l'époque védique, une fin de vers _ᵕ apparaît à côté de ᵕᵕ.

Or, le trimètre iambique offre un fait semblable; et la fin _ᵕ du trimètre a un caractère populaire, tout comme la fin _ᵕ du vers de 8 syllabes dans l'Inde. C'est ce que l'on nomme le trimètre scazon, qui est le vers du poète populaire ionien Hipponax :

> ὦ Ζεῦ πάτερ, θεῶν Ὀλυμπίων πάλμυ

ou :

> ἔδωσε Μαίης παῖδα, Κυλλήνης πάλμυν.

Le parallélisme des procédés est saisissant. Et le caractère probant de la concordance pour établir une communauté d'origine est établi par le fait que les mêmes types ont même valeur, l'un étant solennel, l'autre populaire.

Le trimètre n'est pas le seul type iambique employé par par les Grecs. Hipponax, par exemple, employait aussi un tétramètre catalectique :

> εἴ μοι γένοιτο πάρθενος καλή τε καὶ τέρεινα

qui se retrouve dans la comédie. Et il y a aussi, surtout dans la comédie, des séries de dimètres ou de mètres iambiques terminées par un mètre catalectique, de la forme :

Arist. *Gren.* 384

> Δημήτηρ ἁγνῶν ὀργίων
> ἄνασσα συμπαραστάτει,
> καὶ σῶζε τὸν ξαυτῆς χόρον,
> καί μ' ἀσφάλως πανήμερον
> παῖσαί τε καὶ χορεῦσαι.

Ceci rappelle, de loin, il est vrai, les vers courts du Véda, notamment la *dvipadā virāj* :

RV. I, 65, 1

paçvā́ ná tāyúṃ	gúhā cátantam
námo yujānā́ṃ	námo váhantam ||
sajóṣā dhīrā́ḥ	padáir ánu gman
úpa tvā sīdan	víçve yájatrāḥ.

Les différences de détail sont grandes ; mais l'effet est très comparable.

On ne peut retrouver dans l'Inde la différence entre le type iambique et le type trochaïque. En effet, la fin de vers est identique dans les deux cas : un vers trochaïque non scazon (le scazon existe aussi) se termine par _ ◡ ≃ tout comme un vers iambique, ainsi un tétramètre d'Archiloque :

τοῖς θεοῖς τιθεῖν ἅπαντα πολλάκις μὲν ἐκ κακῶν.

La différence entre le type iambique et le type trochaïque ressort seulement du début de vers, le premier commençant par ≃ _ ◡ _, et le second par ≃ ◡ _ _. Or, le vers védique a un commencement de forme libre. Le type iambique et le type trochaïque doivent donc être deux normalisations distinctes d'un même type initial, voisin du type védique. Étant donné que le grec a des traces de la liberté des syllabes initiales, la constitution de mètres où les pieds purs alternent avec des pieds impurs résulte d'une innovation grecque. La distinction de deux types parallèles, l'un iambique, l'autre trochaïque, en a été une conséquence nécessaire.

La prédominance du type iambique en grec est ce que l'on peut attendre en cette hypothèse. Car, en védique, la tendance générale du rythme est iambique (comme on le voit nettement par la fin de vers), et le vers commence par ≃ _ ◡ ≃ plutôt que par ≃ ◡ _ ≃. Même ici, on retrouve, pour l'essentiel, la concordance entre le védique et le grec.

Le vers trochaïque n'est qu'un cas particulier, fixé en vue d'effets spéciaux. Le type iambique est, dans le drame attique, celui qu'emploient les personnages pour dialoguer entre eux, et Aristote y sentait le reflet du rythme normal du discours. Au contraire, le rythme trochaïque est dansant ; dans la *Rhétorique*, Aristote le qualifie de ῥυθμὸς χορδακικώτερος, et, dans la *Poétique* (où il envisage le type mesuré, non le simple rythme), il le traite de μέτρον ὀρχηστικόν.

Le type métrique de la lyrique de la chanson, le type iam-

bique et le type trochaïque, sont donc issus d'un seul et
même type indo-européen dont les vers védiques de 8, 11 et
12 syllabes ont conservé l'image plus fidèlement que les
types grecs. Le grec a constitué des types divers en répar-
tissant les temps d'une manière exactement régiée de
manière à obtenir des genres poétiques divers, ayant chacun leur style particulier.

Des faits analogues ont d'ailleurs eu lieu dans l'Inde: il y
a loin de l'*anuṣṭubh* et de la *gāyatrī* védiques (formées de
vers de 8 syllabes) au çloka épique.

Si tous les types grecs qui viennent d'être examinés pas-
sent pour récents, c'est que, de la plus ancienne période de
la littérature grecque, il a subsisté seulement les poèmes
sérieux d'Homère et d'Hésiode. Mais le vers iambique n'est
pas, pour cela, plus récent que l'hexamètre. Le plus ancien
poème comique dont on ait conservé le souvenir, le *Margites*,
avait des iambes à côté des hexamètres :

῏Ηλθέ τις ἐς Κολοφῶνα γέρων καὶ θεῖος ἀοιδός
Μουσάων θεράπων καὶ ἐκήβολου Ἀπόλλωνος
φίλης' ἔχων ἐν χερσὶν εὔφθογγον λύρην.

CHAPITRE VIII

L'HEXAMÈTRE

L'hexamètre est le vers des plus anciens poèmes conservés de la littérature grecque. Mais il n'est pas celui qui remonte le plus haut, ni dont les formes sont le plus archaïques.

Comme la structure de ce vers repose sur l'égalité $\cup\cup = \_$, qui paraît être une innovation du grec, on n'en retrouve pas le correspondant en sanskrit : le vers épique du sanskrit a été obtenu en groupant deux vers iambiques de 8 syllabes, constituées de manières différentes. Il se trouve ainsi que le *çloka* de l'Inde a une étendue à peu près semblable à l'étendue moyenne de l'hexamètre grec. Ceci tient à l'emploi qui est fait de ces vers : pour le récit, pour la poésie didactique, un vers long est commode. Et c'est tout ce que le type sanskrit et le type grec ont de commun. La comparaison ne fournit donc rien pour expliquer l'hexamètre.

De même que le trimètre iambique, l'hexamètre a six temps forts. Mais, comme les six pieds égaux qui le composent sont étendus proportionnellement à la dilatation qu'a subie le rythme grec, il n'y a pas eu répartition des pieds en mètres, de sorte que la structure diffère absolument de celle du trimètre iambique.

La création de l'hexamètre résulte de l'innovation fondamentale par laquelle a été posée l'égalité $\cup\cup = \_$. Elle a donc le même caractère énigmatique qu'ont les créations linguistiques faites entre la période indo-européenne et la période historique du grec ; la difficulté que trouve le comparatiste à expliquer l'aoriste en -θη-, pour l'explication duquel il ne peut faire que des hypothèses incertaines, il la retrouve pour expliquer l'origine de l'hexamètre. On ne peut apercevoir que les conditions générales qui ont permis et provoqué cette création.

L'essentiel est de caractériser le vers et de montrer comment des usages anciens rendent compte de quelques-uns des traits qu'il présente.

La coupe, consistant en une simple fin de mot, est du même type que la coupe du vers védique. Elle offre la même variation de place, portant sur une seule syllabe : entre les deux coupes de l'hexamètre, il n'y a qu'une syllabe de différence, et encore est-ce une syllabe brève. Or, à prendre le vers védique de 11 à 12 syllabes dans son ensemble, il semble bien que, de même, la cinquième syllabe sur laquelle porte la différence de place de la coupe, occupait en général (non pas nécessairement toujours) un temps faible.

L'hexamètre est un vers rigide, avec un temps fort revenant à intervalles égaux. La seule liberté qu'il offre consiste en ce que le temps faible consiste indifféremment en ‿‿ ou en ‿_. Il se trouve donc exclure la succession ‿_, qui était fréquente en grec commun et qui l'est demeurée partout en grec, là même où la proportion de brèves est restée relativement le plus élevée. Cette circonstance donne à l'hexamètre un caractère artificiel.

Il y a un grand nombre de formes nécessaires de la langue que le poète est obligé d'éviter parce qu'elles n'entrent pas dans la forme de ses vers : κτήματα et κτήμασι sont fréquents, mais κτημάτων n'existe pas pour Homère. En face de τάνυται, Homère a τανύουσι et τανύων, qui sont les formes attendues ; mais il lui a fallu recourir à ῥηγνῦσι et à δεικνός, ὀρεγνός, parce que ῥηγνύουσι et δεικνύων, ὀρεγνύων étaient impossibles ; à l'imparfait on trouve la forme attendue ζεύγνυον. Tandis que δυσμενέες est fréquent, δυσμενής n'existe pas. On lit παύομαι, παυσάμεθα, mais non παυόμην ou παυσάμην. Le participe κτανών, qui devrait exister en face de ἔκτανον, n'est pas homérique ; et on lit κτάς, qui a tout l'air d'être une création artificielle.

La déconcertante variété des formes homériques a souvent servi au poète à tourner des difficultés de ce genre. Les exigences d'un mètre dont la rigueur faisait violence à la langue ont favorisé l'emploi de formes appartenant à des types distincts. Par exemple, γόν(F)ατα, γόν(F)ασι, notés γούνατα, γούνασι, sont plus fréquents que γόν(F)α, γόν(F)εσσι, notés γοῦνα, γούνεσσι ; mais on ne lit que γόν(F)ων, noté γούνων : γον(F)άτων était impossible dans le vers. Le mot ἡμέρη, ἡμέραι se trouve à peine, parce qu'il ne pouvait figurer qu'au prix d'un hiatus, devant une voyelle, et ἡμέρης ou ἡμεράων, ἡμέρῃσι n'existent pas ; or, c'est le mot usuel dans le grec tout entier, et Homère même a le dérivé πανημέριος ; c'est la structure du vers qui a obligé à recourir presque constamment à l'archaïsme ἦμαρ, ἤματος ; encore, même à ce prix le génitif pluriel manquait, et ἡμάτων était aussi impossible que ἡμεράων. De même, Homère qui a μηχανάω, ἀμήχανος, πολυμήχανος, ignore le mot usuel μηχάνη, qu'il remplace au besoin par μῆχος. Des linguistes ont bâti des théories sur l'opposition homérique de πένθος et de κηδεπαθής ; en réalité, le poète ne pouvait pas employer -πενθής après κηδε- ; il a donc recouru à l'action analogique qui a fait remplacer en attique πένθος par πάθος, comme βένθος par βάθος ; et ce qui le prouve, c'est que, en face de πρωτοπαγής, exigé par le mètre, il y a εὐπηγής. La conservation de la vieille forme πεύθομαι chez Homère tient sans doute en grande partie aux difficultés que faisaient beaucoup de formes du verbe usuel πυνθάνομαι ; sauf une fois πεύθομαι, les formes qu'on rencontre sont celles par lesquelles le type πυνθάνομαι ferait difficulté dans le vers : πευθόμεθα, πειθοίαθ', πευθέσθω, πεύθεσθαι, πεύθετο, etc. ; en revanche, il n'y a, naturellement, que πυνθανόμην. Tandis que λάβον est courant, le présent λαμβάνω est ignoré d'Homère, et la langue homérique ne connaît que λαζοίατο, λάζετο pour le présent. En face de γεραιός, Homère a γεραίτερος, mais en face de παλαιός, il a παλαιότερος (att. παλαίτερος). De la racine πειθ, il y a deux aoristes à valeur factitive : le type ancien πεπίθωμεν, πεπίθοιμεν, πεπιθών figure partout où il est possible ; le type nouveau ἔπεισε sert à éviter la difficulté que fait πέπιθε, ἐπέπιθε. On peut multiplier les exemples (cf.

K. Meister, *Die homerische Kunstsprache*, p. 12 et suiv.).

Un cas saisissant est celui de στένω. Là où c'est possible, le poète a στένει, ἔστενε, περιστένεται. Quand les formes de ce verbe sont trop difficiles à employer, ou impossibles, il recourt à στενάχω, στενάχουσι, στενάχων, στενάχοντο. Là où les unes et les autres sont impossibles, il se sert de στοναχῆσαι, ἐπιστονάχησι.

Les doublets phonétiques ont parfois permis aux poètes de sortir de difficulté. A en juger par θρασυκάρδιος, la forme usuelle du poète était καρδίη (att. καρδία); mais il n'a pu l'employer que rarement, et c'est κραδίη qui domine; κραδίης, κραδίην étaient du reste les seules formes possibles. Il y a flottement entre τέταρτος et τίτρατος, τέταρτον et τέτρατον; mais τετάρτῳ, τετάρτων, τετάρτη, τετάρτης sont les seules formes qui se rencontrent.

Les formes impossibles à loger ne sont pas les seules qui aient gêné les poètes. Un embarras grave provenait de ce que, étant donné la structure du vers, avec son rythme strict et sa coupe obligée, certains mots ne pouvaient figurer qu'à peu de places, parfois à une seule. Ainsi un mot de la forme Ἀχαι(ϝ)οῖσι(ν) exige un mot précédent terminé par une brève et un mot suivant commençant par une consonne; il ne peut figurer ni au début ni à la fin du vers. Un mot comme θεά exige que le mot précédent se termine par une syllabe brève ouverte, ou que le mot suivant commence par une voyelle.

En somme, l'hexamètre résulte de l'innovation grecque qui a dilaté le rythme. Mais, comme l'innovation y a été appliquée beaucoup plus que la langue même ne l'avait fait, le poète a constamment rencontré des difficultés provenant des règles d'un vers médiocrement adopté à la langue. On est dès lors amené à se demander si les poètes qui ont créé ce vers n'auraient pas imité un modèle étranger[1].

---

1. L'exposé ci-dessus ̣ ̣ait écrit tout entier quand j'ai eu connaissance du livre de M. K. Meister, *Die homerische Kunstsprache*, où l'hypothèse d'une origine étrangère de l'hexamètre est franchement formulée, p. 56 et suiv. et p. 231. — M. Meister signale le fait que les termes grecs re ̣ ̣ ̣ ̣ ̣ ̣ rythme et à la musique, et notamment

L'hexamètre n'est pas, comme le vers de chanson et comme le vers iambique, un mètre populaire, employé dans des genres populaires. C'est un mètre savant, manié par des spécialistes, les aèdes qui composaient des épopées, les savants qui composaient des poèmes didactiques.

C'est un vers où tout est artificiel et traditionnel : le vocabulaire, plein de mots archaïques ; la grammaire, où les vieilles formes se maintiennent à côté des nouvelles, et où se rencontrent des formes éoliennes à côté de formes ioniennes ; le phonétisme, mêlé de formes de dates diverses et de parlers divers.

L'épopée homérique est toute faite de formules que se transmettaient les poètes. Qu'on prenne un morceau quelconque, on reconnaît vite qu'il se compose de vers ou de fragments de vers qui se retrouvent textuellement dans un ou plusieurs passages. Et même les vers dont on ne retrouve pas les morceaux dans un autre passage ont aussi le caractère de formules, et ce n'est sans doute que par hasard qu'ils ne sont pas conservés ailleurs. Il est vrai, par exemple, que le vers A 554 :

$$\text{ἀλλὰ μάλ' εὔκηλος τὸ φράζεαι, ἅσσ' ἐθέλησθα}$$

ne se lit pas dans le reste de l'Iliade ni dans l'Odyssée ; mais c'est qu'il n'y a pas eu d'autre occasion de l'employer. L'épopée homérique est une poésie de gens de métier, faite avec des formules apprises, et qu'il aurait été malaisé de composer autrement, avec le vers traditionnel qu'on y employait.

La récitation n'avait pas le caractère du parlé. C'était une mélopée, accompagnée par un instrument à percussion qui soulignait le rythme. Quand Démodokos doit cesser de réciter, il dépose son instrument :

θ 537 , Δημοδόκος δ' ἤδη σχεθέτω φόρμιγγα λίγειαν.

le mot ἴαμϐος, sont d'origine étrangère. Ceci est remarquable : l'emploi régulier de l'iambe est étranger au type indo-européen tel que la comparaison des types védiques et des types grecs de la chanson le laisse entrevoir.

Aristote insiste sur le caractère artificiel de l'hexamètre : τὸ γὰρ ἡρωϊκὸν στασιμώτατον καὶ ὀγκωδέστατον τῶν μέτρων ἐστίν, *Poét.* 1459 b — τῶν δὲ ῥυθμῶν ὁ μὲν ἡρῷος σεμνὸς καὶ λεκτικῆς ἁρμονίας δεόμενος, *Rhet.* 1408 b. Sans doute Aristote s'exagère un peu ce caractère artificiel : par le style, par la langue, par le rythme même de la langue où tant de contractions n'étaient pas faites, l'épopée homérique était loin de ce qui était normal pour un Grec à l'époque d'Alexandre. Mais l'observation a certainement un grand fond de justesse.

Un vers savant de cette sorte peut être imité d'un modèle étranger : toute la métrique latine classique a été faite d'après des modèles grecs. Et il a suffi d'adapter les types grecs aux exigences de la langue latine, pour en faire des vers acceptés par le public romain : le vers de Plaute est manifestement destiné à un public de culture médiocre et le satisfaisait. Et il n'y a aucune raison de croire que les vers d'Ennius et de Virgile n'aient pas satisfait l'oreille des Romains.

La civilisation matérielle que réflète l'épopée est, en grande partie, d'origine égéenne. Si les Achéens qui ont occupé Mycène et dont l'Iliade chante les exploits sont, pour beaucoup, les continuateurs de la vieille civilisation égéenne rencontrée par les conquérants de langue hellénique, leurs aèdes ont pu reproduire des modèles d'épopée comme leurs artisans reproduisaient des vases et des armes. Sans doute l'épopée homérique ne continue pas directement une épopée achéenne ; des parlers achéens, il n'y subsiste que quelques vieux éléments de vocabulaire. Au témoignage de la langue, c'est une épopée éolienne que continue l'épopée homérique, sous une forme qui a subi déjà une forte action ionienne. Et le grand héros de l'Iliade, Achille, est d'un pays de dialecte éolien. L'épopée homérique est profondément hellénique ; on n'y trouve plus guère de mots égéens tout à fait reconnaissables que dans des noms tout techniques, comme celui de la « baignoire », ἀσάμινθος. Mais, si profondément que les Hellènes aient nationalisé tout ce qu'ils ont emprunté, si entièrement qu'ils aient

imposé leur caractère propre à tout leur art, ceci n'exclut
pas que, au début, quand les Hellènes étaient encore des
« barbares », les poètes qui paraient de leur art les réu-
nions de l'aristocratie, aient reçu les leçons des poètes
épiques qui participaient aux fêtes des princes égéens. Hors
de la Grèce, l'épopée homérique n'a aucun pendant exact
dans le monde indo-européen.

Si cette hypothèse d'un modèle étranger est exacte, on
s'explique le caractère singulier de l'hexamètre entre tous
les vers grecs. Et il est vain de chercher comment l'hexamètre se relierait à d'autres mètres indo-européens.

Mais ce qui a rendu aisé l'emprunt d'un type dactylique,
c'est que, sans dominer, le dactyle n'était pas rare dans les
mètres que les Grecs ont hérités de leur civilisation indo-
européenne. Le dactyle tient, on l'a vu, une large place dans
le mètre de chansons.

Les Grecs n'ont jamais été de simples imitateurs. Tout
ce qu'ils ont reçu, ils l'ont adapté, transformé, réglé.

Le vers dactylique a été conformé aux exigences de la
langue grecque et aux traditions des vers nationaux. On y
retrouve donc un bon nombre de traits qui s'expliquent par
la tradition de la métrique indo-européenne. Et, comme
le type de l'hexamètre a été fixé à date relativement ancienne, quelques-uns de ces traits s'y montrent assez claire-
ment.

La structure du vers et la tendance de la langue au rythme
dactylique dont le type est issu s'accordent pour appeler une
prédominance du dactyle dans le vers. Sauf au dernier
pied, où le dactyle aurait, d'après les règles générales du
vers indo-européen maintenues en grec, la forme $\_\cup\cup$, et où
par suite, la fin serait non pas dactylique, mais trochaïque,
le dactyle est admis à tous les pieds du vers, et chez Homère,
il est à toutes les places plus fréquent que le spondée.

Toutefois il y a, à cet égard, une différence entre les 3e,
4e et 5e pieds, où la majorité du dactyle est relativement
forte, et les 1er et 2e, où elle est relativement faible.

Les 3e, 4e et 5e pieds se comportent à peu près de la même

manière ; il semble toutefois que le dactyle soit d'autant plus recherché qu'on s'approche plus de la fin du vers, sans que le spondée soit exclu d'aucune place. Il y a surtout une tendance manifeste à ne pas former ces trois pieds par un spondée terminant un mot. Sans doute les poètes admettent à ces places les mots de la forme ⌣‒‒ ou de la forme ⌣⌣‒‒, dont le rythme ressort immédiatement. Mais ils y évitent, d'une manière évidente, les mots de la forme ‒‒ ou ‒‒‒ dont le rythme est indéterminé et qui, par suite, introduisaient à la fin du vers, où le rythme doit être précisément marqué, un élément de trouble et d'inexactitude.

Suivant le caractère général du vers grec, cette détermination du rythme s'étend à tout l'intérieur du vers. La cadence n'est pas sensiblement plus marquée que la partie intérieure. Si le dactyle apparaît avec une fréquence un peu plus grande au 5e pied qu'aux deux précédents, c'est parce que, en vertu d'une règle presque constamment appliquée, le 5e pied ne peut se terminer par un spondée final de mot. Cette règle, s'ajoutant à la recherche du dactyle qui est commune aux 3e, 4e et 5e pieds, a eu pour conséquence nécessaire la rareté relative du spondée au 5e pied. Car, dès lors, le nombre des formes de mots susceptibles de fournir un spondée au 5e pied devenait petit. Il faut un mot de la forme ‒‒‒ devant un monosyllabe final, cas nécessairement exceptionnel, ou un mot de la forme ‒‒‒⌣, qui faisait une fin de vers lourde.

La liberté du début du vers se manifeste par la fréquence relative du spondée aux 1er et 2e pieds du vers. Il n'y a même aucune difficulté à former le pied initial du vers avec un mot spondaïque, souvent mis en évidence par rejet, ainsi :

A 525   τοῦτο γὰρ ἐξ ἐμέθεν γε μετ' ἀθανάτοισι μέγιστον
τέκμωρ· οὐ γὰρ ἐμὸν παλινάγρετον οὐδ' ἀπάτηλον.

Si, au second pied, le spondée finissant un mot n'est pas courant, c'est sans doute en grande partie parce que la nécessité de la coupe excluait dans la plupart des cas cette disposition. Mais on lit bien :

A 2 οὐλομένην, ἣ μυρί' Ἀχαιοῖσ' ἄλγε' ἔθηκε,
πολλὰς δ'-ἰφθίμους ψυχὰς Ἄϊδι προίαψεν
ἡρώων, αὐτοὺς δὲ ἑλώρια τεῦχε κύνεσσιν.

où les deux derniers vers présentent au début du vers chacun deux spondées.

La liberté du début du vers se marque par une licence plus rare, mais plus caractéristique : un nombre appréciable d'hexamètres commencent chez Homère par ⌣—, —⌣ ou par ⌣⌣—.

M. W. Schulze, *Quaestiones epicae*, p. 374 et suiv., a étudié les vers ἀκέφαλοι. Ces vers sont rares, et, dans le type si réglé de l'hexamètre, on n'y peut voir qu'une survivance dont il n'y a plus que des traces. Toutefois la tradition s'était maintenue qu'un vers peut commencer par ἐπεὶ δή, ainsi :

X 379 ἐπεὶ δὴ τόνδ' ἄνδρα θεοὶ δαμάσασθαι ἔδωκαν

et des commencements analogues se retrouvent cinq fois dans l'Odyssée : δ 13, θ 452, φ 25, ω 482. Il y a de plus quelques cas isolés :

ρ 518 ὡς δ' ὅτ' ἀοιδὸν ἀνὴρ ποτιδέρκεται, ὅς τε θεῶν ἒξ
ἀείδῃ δεδαὼς (F)έπε' ἱμερόεντα βροτοῖσι,
τοῦ δ' ἄμοτον μεμάασιν ἀκουέμεν, ὁππότ' ἀείδῃ.

(où la brève initiale de ἀείδῃ au vers 519 est garantie par ἀοιδόν du vers 518 et ἀείδῃ du vers 520). Et il faut citer encore les vers Λ 497 et χ 59. Si peu nombreux qu'ils soient, ces exemples sont significatifs. Car rien ne permet de les écarter, et l'on ne fait état ici que des exemples qui ne prêtent à aucune contestation.

Le trochée initial est plus rare encore ; mais il paraît sûr dans la formule du début, visiblement traditionnelle Αἴαν Ἰδομενεῦ τε, qui est conservée Ψ 492, et dans εἴ κεν ἀϋστα-λέος de τ 327. De plus le type où une géminée fait position au temps faible, celui de πολλὰ (λ)λισσόμενος se trouve surtout en commencement de vers ; et ceci encore est une licence de commencement de vers.

Quant à ⌣⌣—, on peut citer une formule, que son caractère évidemment traditionnel rend instructive :

A. MEILLET. 5

I 4　　　ὡς δ' ἄνεμοι δύο πόντον ὀρίνετον ἰχθυόεντα,
　　　　Βορέης καὶ Ζέφυρος, τώ τε Θρήκηθεν ἄητον

Ψ 194　　　　　　　　　δοιοῖσ' ἠρᾶτ' ἀνέμοισι
　　　　Βορέη καὶ Ζεφύρῳ.

On ne peut utiliser ici les exemples, nombreux, de ∪∪∪ au
début du vers, parce que l'emploi de ∪∪∪ au lieu de ‒∪∪ est
une licence normale du vers épique.

La coupe se trouve aussitôt après la base relativement libre
des deux premiers pieds, exactement comme elle figure dans
le vers védique après les quatre ou cinq premières syllabes
dont la quantité est, sinon indifférente, du moins libre.
Et la légère variation de place de la coupe homérique, qui
s'étend seulement à une syllabe, concorde aussi avec l'usage
védique.

Ceci posé, toutes les hypothèses qui ont été faites sur
l'origine de l'hexamètre conçu comme résultat du rapprochement de deux vers courts apparaissent non fondées. Et
en effet rien n'indique la jonction de deux éléments distincts
dans l'hexamètre. Les cas où le temps fort du troisième
pied, avant la coupe, est constitué par une brève n'ont rien
que de normal. Cette syllabe faisait encore partie du début du
vers, à quantité traditionnellement libre. La coupe n'em-
pêche du reste jamais ni l'élision d'une brève ni l'abrègement d'une longue en hiatus. Et, quand Christ a coupé en
deux un hexamètre tel que :

Z 181　　π ρόσθε λέων, ὄπιθεν δὲ δράκων, μέσση δὲ χίμαιρα,

il n'a tenu compte ni de la structure du vers, ni du sens.

La nécessité qui s'impose, en grec comme en védique,
d'avoir des syllabes indifférentes permettant de ne pas
exclure du vers un trop grand nombre de mots, se manifeste
sous des formes un peu différentes chez Homère et dans le
Véda.

La poésie homérique admet un mot ou une partie de mot
de la forme ∪∪∪ à la place d'un mot ou d'une partie de mot
de la forme ‒∪∪. Cette licence est de règle partout où le mot

ne pourrait figurer autrement dans le vers, ainsi dans un
mot de la forme ἀθάνατος, qui chez Homère tient très souvent la place de ‿◡◡‿, bien que l'α- négatif des composés
soit essentiellement bref. Elle figure même assez souvent
dans les cas où le mot ainsi rythmé pourrait entrer autrement dans le vers; ainsi ὄρεα, ἔρεσι sont parfois rythmés
avec ο long, bien qu'il soit aisé de faire entrer ces mots
dans le vers avec ο bref. La tradition enseigne que, en pareil cas, la voyelle brève qui occupe un temps fort du
rythme était allongée en quelque mesure; car, au moment
où le texte homérique a été transposé dans l'orthographe
ionienne, les ε et ο qui servent ainsi de temps fort sont notés
ει et ου, qui sont les notations de ε et ο longs. On a donc des
cas tels que les suivants:

N 471 ἀλλ' ἔμεν, ὡς ὅτέ τις σῦς οὔρεσιν ἀλκί πεποιθώς

E 371 μητρὸς ἑῆς · ἡ δ'ἀγκὰς ἐλάζετο θυγάτερα ʽ(ϜϜ)ήν
　　　　(l'υ de θυγάτηρ, θυγατρός est régulièrement bref).

A 62   ἀλλ' ἄγε δή τινα μάντιν ἐρείομεν ἤ(ϝ)' ἱερῆα
　　　　(on ne trouve que ἐρέουσιν, ἐρέων, ἐρέοντι, etc.).

Cette licence, sans laquelle le poète homérique aurait dû
renoncer à employer un grand nombre de mots, est représentée par une foule d'exemples. Elle continue un usage
dont on retrouve l'équivalent dans le Véda. Les exemples
védiques sont plus rares, et la licence y est beaucoup
moins établie parce qu'elle était moins nécessaire et qu'elle
ne peut apparaître nettement qu'en fin de vers. Il y en a
néanmoins un bon nombre de cas. Ainsi dans l'hymne RV.
I, 15, on lit la fin de vers ◡◡◡ au lieu de ‿◡◡:

1　　　　　*índra sómam piba r̥túnā*

(de même aux strophes 2, 3 et 4).

7　　　　　*draviṇodā dráviṇasaḥ*

10　　　　*yát tvā turīyam r̥túbhiḥ*

ou RV, I, 9, 9:

　　　　　vásor índram vásupatim

Le mot *namas(i)yah* représente traditionnellement ⏑–⏑⏓ à la fin d'un vers de *jagatī* :

RV. II, 1, 3.

t(u)vám víṣṇur urugāyó namas(i)yah.

Et l'on trouve même, à la fin d'un vers de *triṣṭubh*, pour –⏑–⏓ :

RV. IV, 17, 3.

sárann ắpo jávasā hatávṛṣṇīḥ.

La comparaison éclaire ici l'usage homérique.

Les licences de cette sorte ont dû être très étendues à date ancienne. M. W. Schulze, dans *Quaestiónes epicae*, p. 258 et suiv., a montré qu'un mot de la forme ⏑––⏓ pouvait, chez Homère, être substitué à un mot de la forme –––⏓; et alors la graphie traditionnelle a les notations ioniennes ει et ου de ε et ο. On a ainsi εἰλήλουθα, à côté de ἐληλευθώς, O 81 (H ; ἐληλουθώς, ἐληλυθώς les autres manuscrits ; la leçon ευ, qui répond à l'usage ancien [cf. Ϝειδώς] est sûre). — Οὐλύμποιο, Οὔλυμπόνδε, et même Οὔλυμπός τε, à côté de Ὄλυμπος, etc.

Le poète homérique rencontrait une difficulté à laquelle le poète védique ne se heurtait jamais : les mots commençant par un groupe de consonnes suivi d'une syllabe brève que suivait une longue. Il était acculé en pareil cas à la suite –⏑–, non admise dans son vers. A l'intérieur du mot, la difficulté est insurmontable : un mot de la forme κυκλόεις est exclu du vers homérique. Lorsque le groupe de consonnes est initial de mot, une licence est admise, et le groupe ne fait pas nécessairement position dans tous les cas ; ceci tient évidemment à ce que, au début du mot, un groupe tel que τρ- était amené à se prononcer ensemble au moins au commencement de la phrase. Un second terme de composé est parfois traité alors comme une initiale de mot, ce qui rappelle le fait que, en védique, la coupe tombe parfois à l'intérieur d'un mot composé.

L'histoire des composés commençant par le nom de nombre « quatre » fournit ici un exemple. La forme ancienne du premier terme était τρυ-, qui s'est conservé dans τρυφάλεια, mais qui a été en général éliminé à cause de son obscurité. Dans τράπεζα, l'ancien τρυ- est remplacé par τρα-, qui est déjà un peu moins obscur (le béotien a un autre arrangement dans τρεπεδδα). Enfin on est arrivé à τετρα-, qui est la forme usuelle chez Homère, avec α bref : τετράγυος, τετραφάληρον, etc. Mais τετράδοιος était impossible : le poète a recouru à une formation artificielle τεσσαράδοιος imitée de l'ancien juxtaposé τεσσαρά-κοντα. Ceci était admissible pour un composé dont la forme n'était pas fixée par un usage courant. Mais τετράκυκλος était sans doute trop usuel pour admettre une déformation. Le poète a hésité alors. Il a employé τετρα- avec valeur ‿‿, peut-être d'après τρα- initial qui admettait pareil groupement de τρ- (dans τράπεζα, ainsi Λ 628, 636) ; de là la prosodie monstrueuse de :

Ω 324   πρόσθε μὲν ἡμίονοι ἕλκον τετράκυκλον ἀπήνην.

Ailleurs, le poète fait à la langue une autre violence en allongeant κ, d'où :

ι 242   οὐκ ἂν τόν γε δύω καὶ (F)είκοσ' ἄμαξαι
ἐσθλαὶ τετράκυκλοι ἀπ' οὔδεος ὀχλίσσειαν.

Et, comme les deux procédés sont choquants, le poète évite le mot (ou quelque reviseur l'enlève après coup), et l'épithète vague et sans valeur εὔκυκλος remplace le τετράκυκλος attendu, ainsi dans ζ 58 = 70 :

ἀπήνην

ὑψήλην εὔκυκλον.

A l'initiale du mot, le poète n'hésite guère à négliger la règle de l'allongement par position, pourvu que ce soit nécessaire pour faire entrer dans le vers un mot ou une forme qui n'entrerait pas autrement. Les exemples les plus nets sont ceux des noms propres, ainsi :

Λ 113   (F)είκοσι ἔχειν· καὶ γάρ ῥα Κλυταιμήστρης προβέβουλα

Ε 774   . . . . ἠδὲ Σκάμανδρος.

En dehors de ce cas spécial, il est remarquable que la

plupart des cas figurent dans des formules plus ou moins fixées. Ainsi, tandis que la poésie homérique utilise le doublet θρσ-/θρασ- pour faire entrer en vers θρσύνω, dérivé de l'adjectif, il n'y a que θρασύς, ainsi, dans une formule fixée :

θρασειάων ἀπὸ χειρῶν

et de même

P 662 = Λ 553, Λ 571 = Ο 314, N 134, Ψ 714, ε 434.

On verra de même un exemple de formule dans :

λ 18   οὐδ' ὅτ' ἂν ἂψ ἐπὶ γαῖαν ἀπ' οὐρανόθεν προτράπηται
         ἠδ' ὁποτ'   προτραπούμην

(qu'on n'oublie pas que, à l'époque homérique, les préverbes sont encore des mots autonomes; il y a donc commencement de mot après προ).

Il est donc probable que, à la date où se sont fixées les formules, la liberté était plus grande qu'à la date où l'Iliade et l'Odyssée ont été composées.

Derrière les usages stricts de l'époque historique, on entrevoit une époque préhistorique où il était tenu un compte exact de la quantité, mais où le versificateur avait des libertés qui ont été restreintes par la suite.

LE VERS ÉLÉGIAQUE.

Le second élément du distique élégiaque, auquel on donne le nom bizarre de pentamètre, est de la forme :

$$\_ \cup\cup \_ \cup\cup \_ \mid \_ \cup\cup \_ \cup\cup \breve{\ }$$

Il est apparenté à l'hexamètre avec lequel il forme une petite strophe.

Avec sa coupe strictement obligée juste au milieu d'un vers assez court (au point de vue grec), il donne l'impression de se composer de deux petits membres, le premier à rythme peu marqué, le second rigoureusement défini : c'est exactement ce qu'offre le *çloka* indien (voir ci-dessus, p. 53).

Le groupement d'un vers long, l'hexamètre, et d'un vers court, le « pentamètre », a son pendant dans les strophes védiques où plusieurs combinaisons présentent ainsi des vers courts succédant à des vers longs de type voisin.

Quant au type de membre de cinq syllabes (ou équivalant à cinq syllabes), on a cité déjà, à propos des systèmes iambiques et trochaïques, le type védique de la *dvipadā virāj*, qui se compose tout entier de petits membres de cinq syllabes, de la forme ordinaire ⌣ _ ⌣ _ _, mais d'où ⌣ _ _ _ _ n'est pas exclu. La différence avec le grec, c'est que le groupe à rythme non précisément marqué n'est pas limité à telle ou telle place de la strophe.

Type dactylique, le « pentamètre » ne saurait avoir son pendant en védique. Mais on voit qu'il n'a rien de surprenant, le type dactylique une fois posé.

CHAPITRE IX

VERS ANAPESTIQUES

Le védique, ignorant tout type binaire régulier, n'a rien qui ressemble à l'anapeste. Du reste, la littérature védique n'offre pas de poème qui réponde aux conditions où apparaît en grec le type anapestique. Dans la tragédie, l'anapeste sert le plus souvent à accompagner des marches. La comédie, toujours plus libre, l'emploie aussi κατὰ στίχον, sous la forme du tétramètre catalectique.

On y retrouve les traits généraux que la métrique grecque avait hérités de la métrique indo-européenne. Étant un vers de la comédie, le tétramètre offre beaucoup de traces de la liberté ancienne. Il se compose de deux membres séparés par une coupe. Les quatre pieds du premier membre ont toute la liberté compatible avec le maintien du rythme binaire ; c'est-à-dire que toutes les longues y admettent la résolution en 2 brèves, et que tous les groupes de 2 brèves peuvent être remplacés par une longue ; la seule limitation est que la succession ‿‿ ‿‿ est exclue. La structure du premier membre est donc :

$$\overset{\smile\smile}{}\ \overset{\_}{\underset{\smile\smile}{}}\ \overset{\smile\smile}{}\ \overset{\_}{\underset{\smile\smile}{}}\ \overset{\smile\smile}{}\ \overset{\_}{\underset{\smile\smile}{}}\ \overset{\smile\smile}{}\ \overset{\_}{\underset{\smile\smile}{}}$$

Dans le second membre, les deux premiers pieds sont les seuls libres ; la cadence ‿‿_‿ est de rigueur. Et, comme la résolution de _ est impossible devant ‿‿, la fin est nécessairement _‿‿_‿, de sorte que la structure de ce second membre, aussi déterminée que celle du premier membre l'est peu, est :

$$\overset{\smile\smile}{\underset{\smile\smile}{\_}}\ \overset{\smile\smile}{\_}\ \_\_\ \smile\smile\ \_\ \smile$$

Cette liberté de structure rappelle de près celle du type védique. Ainsi un vers tel que :

Arist. *Chev.* 515

οὐχ ὑπ' ἀνοίας τοῦτο πεπονθὼς διατρίβειν, ἀλλὰ νομίζων

$$\_\cup\cup\_\_\_\cup\cup\_\_ \ | \ \cup\cup\_\_\_\cup\cup\_\cup$$

n'est pas moins libre de forme qu'un vers védique de 12 syllabes. Et, s'il est beaucoup plus long, cela tient en partie à ce que le rythme grec était plus étalé.

La liberté du type se voit aussi dans les systèmes de la tragédie, où le seul élément à quantité rigoureusement déterminée est la cadence finale, de la forme $\_\cup\cup\_\cup$.

CHAPITRE X

LA GRANDE LYRIQUE

Les vers de la grande lyrique étaient faits pour porter une musique savante, composée en vue de chaque pièce. Ils sont de forme différente dans chacun des poèmes. La littérature védique n'offre rien de pareil. Il serait donc vain de vouloir apporter aux faits grecs, même un commencement d'explication tiré de la comparaison avec des types védiques. La grande lyrique grecque résulte d'un développement savant, parti surtout d'Asie-Mineure et où des influences non helléniques sont sans doute intervenues en une large mesure.

Même dans les cas relativement les plus simples, il s'agit de rythmes complexes, rythmes à trois temps de longues où la place du temps faible marquée par la résolution ◡◡ d'une des longues au moins est variable, et rythmes à cinq temps, où la place de la brève et la résolution facultative de l'une des longues sont aussi fortement variables. Il y a, par exemple, quatre types de la mesure à 5 temps connus dans l'usage : _◡_, ◡__, _◡◡◡ et ◡◡◡_.

A supposer que les textes lyriques aient été bien transmis — et il va de soi que les fautes abondent dans ces textes difficiles — le problème qui consiste à en déterminer les rythmes est indéterminé, faute de données suffisantes.

S'il s'agit de monodie, c'est-à-dire d'une déclamation chantée, l'exécutant en marquait le rythme par un chant expressif, dont il ne reste rien, dont on n'a même pas une idée. S'il s'agit d'un chœur, les évolutions des choristes soulignaient le rythme : comment déterminer le rythme d'un ensemble à la fois poétique, musical et chorégraphique, alors qu'on a le poème seul, c'est-à-dire celui des trois éléments où le rythme s'accuse le moins ?

Si l'on était sûr, *a priori*, que le texte doit se découper en

mesures égales, le problème comporterait un commencement de détermination. Mais on a vu, à propos des vers de
la chanson, que tel n'est pas le cas.

De plus, la mesure est sujette à varier au cours d'une même
pièce musicale : le fait qu'on a déterminé le rythme d'une
partie d'une strophe ne prouve pas pour le reste de la strophe.

Enfin toutes les longues ne sont pas égales entre elles :
le seul fait de la catalexe suffit à indiquer qu'il a dû y avoir
des longues prolongées. Soit un morceau de rythme ternaire, tel que le suivant (où la séparation des lignes
n'indique pas une séparation de vers, on le sait) :

Esch. *Perses* 114   ταῦτά μου μελαγχίτων   str.
                      φρὴν ἀμύσσεται φόβῳ,
                   ὀᾶ Περσικοῦ στρατεύματος,
                      τοῦδε μὴ πόλις πύθη-
                      ται, κένανδρον μέγ' ἄστυ Σουσίδος·

                      καὶ τὸ Κισσίων πόλισμ'   antistr.
                      ἀντίδουπον ἔσσεται,
                   ὀᾶ, τοῦτ' ἔπος γυναικοπλη-
                      θὴς ὅμιλος ἀπύων,
                      βυσσίνοις δ'ἐν πέπλοις πέσῃ λακίς.

On a ainsi, avec des barres marquant les mesures :

$$\_\,\cup\,|\,\_\,\cup\,|\,\_\,\cup\,|\,\_\,|$$
$$\_\,\cup\,|\,\_\,\cup\,|\,\_\,\cup\,|\,\_\,|$$
$$\text{ὀᾶ}\ \_\,\cup\,|\,\_\,\cup\,|\,\_\,\cup\,|\,\_\,|$$
$$\_\,\cup\,|\,\_\,\cup\,|\,\_\,\cup\,|\,\_\,|$$
$$\_\,\cup\,|\,\_\,|\,\_\,\cup\,|\,\_\,\cup\,|\,\_\,\cup\,|\,\_\,\cup\,|\,\cup\,|$$

On ne retrouve ici le rythme régulier, qui paraît s'im-
poser, qu'en admettant six longues de trois temps.

Quand ils ont emprunté au monde égéen et à l'Asie-
Mineure des types rythmiques plus ou moins compliqués,
les Hellènes avaient eux-mêmes des rythmes libres, et ceci
a pu faciliter l'emprunt.

CONCLUSION

Certains mètres grecs continuent des mètres indo-européens.

Le nombre et la précision des concordances du védique avec le grec sont trop nets pour qu'une rencontre fortuite soit vraisemblable.

Le vers indo-européen, fait pour une langue dont le rythme était purement quantitatif, était caractérisé par des cadences définies au point de vue de la durée. Les vers longs, à partir de 11 ou 12 syllabes, avaient de plus une coupe à place légèrement variable, dans la première partie du vers. La partie initiale du vers — dans le vers à coupe, presque tout ce qui précédait la coupe — ne comportait pas une répartition fixe de longues et de brèves. Par le fait même qu'elle admettait une part étendue de liberté, elle était sujette à varier suivant qu'on voulait obtenir un rythme plus ou moins net, suivant que la versification était plus ou moins soignée, destinée à un usage populaire ou à un usage solennel.

Comme l'emploi des syllabes longues et brèves n'allait pas sans des libertés, on conçoit que, dans les langues où la quantité tend à s'altérer, même assez peu, et où le mot tend à s'isoler phonétiquement, il ne reste plus du vers ancien que le nombre des syllabes et la coupe. C'est ainsi que beaucoup de strophes des gāthās de l'Avesta sont exactement comparables à quelques-uns des types védiques usuels : même nombre de syllabes dans chaque vers, et de vers dans chaque strophe ; même place de la coupe. Mais la quantité n'y joue plus de rôle. En revanche, la forme des mots tend à en jouer un, et, dans la seconde partie des vers de 11 syllabes, coupés après 4, les mots sont très souvent répartis ainsi : 2+2+3 ; ainsi (Y. XLIV, 1) :

tat̰ ᵬwā pərəsā   ərəšmōi vaočā ahurā

La métrique de l'Avesta récent, très sommaire, est caractérisée seulement par une répartition du discours en groupes de 8 syllabes : le vers de 8 syllabes védique avec ses cadences variées, est précisément le plus populaire des mètres de l'Inde, et il a fourni le vers épique.

De tout cela, il ne faut pas conclure, comme on l'a fait souvent, que les mètres indo-iraniens ne tenaient pas compte de la quantité. La conclusion irait à la fois contre les faits védiques, où la quantité joue un rôle essentiel, et contre la structure de la langue.

En latin, le saturnien n'a pas un nombre de syllabes fixe. Mais il a une coupe nécessaire vers le milieu, et la répartition des mots de longueurs diverses y joue manifestement un grand rôle. Il y a beaucoup de saturniens d'un type tel que les suivants.

Naevius   *eorum sectam sequontur | multi mortales*
                 summi deum regis | fratrem Neptunum
                 fato Metelli Romae | fiunt consules

Metelli   *dabunt Metelli malum | Naeuio poetae*

Scipions   *consul censor aidilis | quei fuit apud uos*
                               hic

(*apud uos* forment une unité).

Le saturnien latin est sans doute issu des mêmes types qui ont abouti dans l'Inde aux vers de *jagatī* et de *triṣṭubh*, en Grèce aux vers alcaïque et sapphique, d'une part, au trimètre iambique, de l'autre. Mais à Rome comme dans la métrique de l'Avesta, la quantité a été sacrifiée, et le nombre même des syllabes a cessé d'être fixe.

A plus forte raison, on ne peut espérer retrouver le vers indo-européen avec des alternances quantitatives en lituanien, après que l'accent y a si fortement altéré la quantité par la tendance à allonger la voyelle brève accentuée et que les fins de mots ont subi un abrègement. A ceci près, les chansons lituaniennes continuent sans doute des types indo-européens, et l'on y trouve des vers épiques de 8 syllabes. Ainsi, dans un conte en prose du recueil de Schleicher, le

conte des Neuf frères, un cheval récite les vers suivants de
8 syllabes, clos par un vers de 7 :

> *kā̃ àš ė́siu žãlię žõlę*
> *kā̃ àš gérsiu srõvę ùpė ?*
> *anà Laumė̃, raganė̃lė,*
> *sù brolė̃leis vȳno gė̃rie,*
> *õ tù, bróliu sesužė̃lė,*
> *turi žirgeliùs ganýt.*

Le vers lituanien garde ici comme un reflet des types indo-
européens et peut-être une étude attentive y décèlerait-elle
quelques traces relativement précises d'usages anciens.

Nulle part, dans les textes actuellement connus, on n'a
retrouvé des vers aussi exactement comparables entre eux que
le sont les vers védiques et les vers grecs anciens. Mais ces
deux vers permettent de remonter à des types communs dont
la structure est propre à faire comprendre le développement
ultérieur des éléments populaires de la métrique grecque.

Quant aux influences savantes, elles sont probablement
étrangères, et tant qu'on ne saura rien des formes poétiques
du monde égéen, il serait vain de vouloir les deviner.

TABLE DES MATIÈRES

ERRATA

P. 26, l. 12, *lire :* faibles, au lieu de : forts.
P. 34, l. 21, mettre une virgule entre : syllabe, et : suivant.
P. 52, l. 8 du bas, *lire :* ⏑‒‒⏑, au lieu de ‒‒⏑.
P. 61, l. 21, *lire :* ἀλλά.

www.ingramcontent.com/pod-product-compliance
Ingram Content Group UK Ltd.
Pitfield, Milton Keynes, MK11 3LW, UK
UKHW022115070726
13613UKWH00003B/1077